Grundlagen des Vedanta

Texte und Illustrationen

Inhalt

Bibliografische Information der Deutschen Nationalbibliothek:
Die Deutsche Nationalbibliothek verzeichnet diese Publikation
in der Deutschen Nationalbibliografie; detaillierte
bibliografische Daten sind im Internet über dnb.dnb.de
abrufbar.

© 2018 Thomas Felber
Herstellung und Verlag: BoD – Books on Demand,
Norderstedt
ISBN: 9783748150909

Vorwort

Dieses Buch richtet sich vor allem an Einsteiger und jene, die sich für Sinnfragen interessieren. Wer bin ich wirklich? Was ist das Selbst? Wer ist der wahre Wissende jenseits aller Wahrnehmungen?

Die freien Übersetzungen der Kerngedanken des Vicaracandrodaya von Pandit Pitambar, des Laghu Vakya Vritti sowie dem Lehrgedicht Bhaja Govindam von Adi Shankaracharya sollen dabei helfen, bestimmte Dinge besser zu verstehen oder zumindest anders zu betrachten.
Das umfangreiche Repertoire der Vedanta Schriften bilden die Brücke zur Selbsterkenntnis. Diese Brücke zu überqueren bleibt letztendlich jedem selbst überlassen.

Ein besonderer Dank gilt meiner Schwester Gabriele und all jene, die mich dazu inspiriert und unterstützt haben. Dazu zählen alle großen Lehrer und bestimmte Personen, denen ich begegnet bin. Der größte Dank gilt der Wahrheit, dem Absoluten selbst.

Thomas Felber

Wien, Oktober 2018

Die Grundprinzipien des Vedanta

Kerngedanken des Vicaracandrodaya

Das höchste [und gemeinsame] Ziel, der Sinn einer Seele ist die Auslöschung ihres Leidens und die damit verbundene absolute Glückseligkeit.

Brahma Jnana [das Wissen oder die Erkenntnis der höchsten Realität, Brahman] ist das Mittel zur Befreiung [Moksha und somit der Ausbruch aus dem ewigen Kreislauf von Tod und Wiedergeburt].

Davon existieren zwei Arten: direktes Wissen [Selbsterkenntnis] und indirektes Wissen [theoretisches Wissen über Brahman].

Direktes Wissen ist zweifach: Stabil [Selbsterkenntnis] und unsicher [Zweifel sind vorhanden].

Stabiles und direktes Wissen über Brahman ist der direkte Pfad zur Befreiung [Moksha].

Die Untersuchung [Analyse] der Natur einer Seele [Jiva], Brahman [höchsten Realität] und der Welt [Universum] führt zur Selbsterkenntnis [Moksha oder Befreiung].

Von diesen drei [Welt, Seele und Brahman] sind beide [Seele und Brahman] absolutes Bewusstsein.

Die Welt [Materie] ist träge und nur relativ real [mityha].

Die absolute Realität, Brahman, manifestiert sich durch Maya als Jiva [individuelle Seele].

Deshalb sollte man sich gewissenhaft damit [Vedanta] befassen, um das höchste Gut [Selbsterkenntnis] zu erreichen.

Begrenzte Glückseligkeit der äußeren Wahrnehmung

„Das Glück ist keine leichte Sache: es ist sehr schwer, es in uns selbst, und unmöglich es anders wo zu finden."
[Arthur Schopenhauer]

1. Negation von Glück eines Objekts:

Wäre „Glück" von einem Objekt [Person oder Ding] abhängig, so müsste es für alle gleich sein. Aber nicht jeder freut sich z. B. über „Süßigkeiten".

2. Negation von Glück über einen Standort [Raum]:

Wäre „Glück" von einem Standort abhängig, so müsste es für alle gleich sein. Manche freuen sich über den Besuch einer bestimmten Stadt, andere wollen darüber nicht einmal sprechen.

3. Negation von Glück über die Zeit:

Wäre „Glück" von der Zeit abhängig, so müsste es für alle gleich sein. Aber nicht jeder freut sich über den Winter oder die Regenzeit und bevorzugen den Sommer.

Begrenzte Glückseligkeit der inneren Wahrnehmung

1. Wahres Glück durch Abwesenheit der Wünsche:

Sobald man ein „gewünschtes oder erhofftes" Objekt [physisch, mental oder intellektuell] erhält, fühlt man sich für eine begrenzte Zeit vollständig, ganz oder eben *„glücklich"*. Genauer betrachtet ist dieses Glück jedoch *„die Abwesenheit"* des erfüllten und erhofften Gegenstands, weil man folglich nicht mehr danach suchen, hoffen oder streben muss. Eine Art *„Erleichterung"* oder innerer Frieden bis zum vermeintlich nächsten Wunsch.

2. Das Motiv hinter allen Handlungen ist Selbsterkenntnis:

Wenn das wahre Glück nicht von einem äußeren Objekt, einem Ort oder einer Zeit und innerlich nicht durch Wünsche abhängig ist, so ist das Selbst [Atman] allein die absolute Glückseligkeit.

Das wahre Motiv hinter allen Handlungen ist somit das Streben nach dieser absoluten Glückseligkeit im Sinne der Erkenntnis des Selbst [Atman] das immer vollständig, unabhängig und frei ist.

Diese direkte Erkenntnis nennt man Selbsterkenntnis. Diese Einsicht ist nicht der Irrglauben einer Selbstidentifikation mit dem Ego, sondern viel mehr die Beseitigung des Irrglaubens. Diese Erkenntnis ist nicht nur das Ziel von Vedanta, es ist der Sinn sowie das Ziel des menschlichen Daseins!

Reflexion über die absolute Glückseligkeit

Das Advaita-Vedanta Verständnis von Glückseligkeit „ananda"
suggeriert keine konventionellen Vorstellungen von
Vergnügen oder Ekstase.
Eine annähernde Beschreibung dieser Glückseligkeit ist weder
Liebe noch sexuelle Vereinigung, sondern der
Tiefschlafzustand.
Beide, die Glückseligkeit und der Tiefschlaf sind frei von
Begehren und Furcht, mühelos, erholsam und „natürlich".
[Journal of Indian Philosophy 16]

„Deshalb ist Unbegrenztheit, Vollständigkeit und Fülle die
wahre Bedeutung des Wortes „ananda".
[Swami Dayananda]

Unwissenheit und Missverständnis

Durch Missverständnis und Negation, erkenne, dass Brahman
die einzige Realität ist und alles andere nur Maya [scheinbare
Realität oder das Potenzial der kollektiven Unwissenheit].
Brahman, Maya, die Verbindung zwischen Brahman und
Maya, Jiva, Isvara, der Unterschied zwischen Jiva und Isvara -
diese sechs sind ohne Anfang. Aber Brahman ist sowohl ohne
Anfang als auch endlos.
Die Wahrnehmung des Unwirklichen im Realen [Brahman] ist
ein Missverständnis.
Die Wahrnehmung [Wissen] durch Analyse des Unwirklichen
ist die Negation.
Erkenne diese Methode durch die Gnade eines Gurus
[Lehrers] und nachdem du die Unwissenheit [Avidya oder
Ajnana] beseitigt hast, erkenne dein eigenes Selbst [Atman
bzw. Brahman].

Kommentar:

Frage: Wer ist Isvara?

Antwort: Absolutes Bewusstsein [Brahman] plus Maya [kollektive Unwissenheit aller Seelen]. Aus relativer Sicht auch als „**Gott**" [Saguna Brahman] bekannt.

Frage: Wer ist Jiva?

Antwort: Absolutes Bewusstsein [Brahman] plus „individuelle" Unwissenheit [Avidya]. Aus relativer Sicht als „**individuelle Seele**" bekannt.

Frage: Was ist Maya?

„Die Kraft der Maya, die der Realität [Brahman] innewohnt, besitzt zwei Ausdrucksformen. Sie drückt sich als Wissen [vidya] und Unwissenheit [avidya] aus. Von diesen manifestiert sich Unwissenheit [avidya] in zwei unvermeidlichen Formen:
- Die verschleiernde Kraft des Absoluten [avarana] daher die Unkenntnis.
- Die Projektion des Scheinbaren [vikshepa] daher das Missverständnis." - Swami Chinmayananda

Reflexion über die Unwissenheit und das Missverständnis

In der Dunkelheit [Unwissenheit] ist es möglich, ein Stück Seil [Brahman] als Schlange [empirische Welt] zu interpretieren [Missverständnis].

Durch diese Unwissenheit projiziert ein Mensch seine „eigene subjektive Welt aus Namen und Formen". Die Summe aller „Projektionen" [aller Seelen] ergibt die „relative" empirische Realität. Die Essenz jeder subjektiven Projektion ist Bewusstsein, denn ohne Bewusstsein wäre keine Projektion möglich. Bewusstsein bzw. Brahman/Atman ist eins und unveränderlich [satyam], die Projektionen sind viele und veränderlich [mithya].

Das Selbst [Atman] ist jenseits der drei Körper

Die drei Körper: Physisch, subtil und kausal sind nicht das Selbst [Atman] denn ich [Atman] bin das Gewahrsein dieser Körper.
Der physische Körper besteht aus fünfundzwanzig Aspekte, die durch die Verfünffachung der fünf großen Elemente entstanden sind. Der physische Körper ist ein Instrument für Erfahrungen [Bhoga].
Der subtile Körper ist ein Instrument für den Genuss und der Vitalität und besteht aus siebzehn Aspekte, bevor sie vervielfältigt wurden.
Der Kausalkörper besteht aus Ajnana [Avidya oder Unwissenheit].
Das Selbst [Atman] ist der Seher [Gewahrsein] dieser Körper, so wie ein Topf oder andere Gegenstände vom Wahrnehmenden [Subjekt] objektiv betrachtet werden.
Wenn du das verstehst, erlangst du Selbsterkenntnis.

Kommentar:

Fünf große Elemente: Raum, Luft, Feuer, Wasser, Erde.

Fünfundzwanzig Aspekte des physischen Körpers:
Fünf Prinzipien des Raumes: Wunsch, Wut, Leid, Projektion [Ego-Gedanke] und Angst.
Fünf Prinzipien der Luft: Bewegung, Drehen, Laufen, Erweiterung und Zusammenziehen.
Fünf Prinzipien des Feuers: Hunger, Durst, Faulheit, Schlaf und Brillanz.
Fünf Prinzipien des Wassers: Sperma, Ei oder Blut, Spucke, Urin und Schweiß.
Fünf Prinzipien der Erde: Knochen, Fleisch, Puls, Haut und Haare.

Siebzehn Aspekte des subtilen Körpers:
Fünf Organe des Wissens: Hören, Tastsinn, Sehen, Geschmackssinn, Geruchssinn.
Fünf Organe der Handlung: Sprache, Hände, Füße, Organe der Fortpflanzung und Ausscheidungsorgane.
Fünf Lebensenergien: Prana, Apana, Samana, Udana und Vyana.
Denken: der unentschlossene Gedanke oder Gedankenfluss - Sitz der Emotionen.
Intellekt/Verstand: der entschlossene Gedanke oder Gedankenfluss, der diesen „Fluss" lenkt - Sitz der Unterscheidung.

Analyse und Negation der fünfundzwanzig Aspekte des physischen Körpers

1. Wenn die fünfundzwanzig Aspekte vorhanden sind, nehme ich sie wahr [erkennen].
2. Wenn die fünfundzwanzig Aspekte nicht vorhanden sind, nehme ich ihre Abwesenheit wahr.

Schlussfolgerung:
1. Ich [Atman] bin nicht diese fünfundzwanzig Aspekte.
2. Diese fünfundzwanzig Aspekte gehören nicht mir.
3. Ich, der Wissende [Atman] bin jenseits der fünfundzwanzig Aspekte so wie der Wahrnehmende eines Topfes.

Analyse und Negation von Namen, Farben, Beziehungen und Veränderungen [Formen], Geburt und Tod

Namen:

1. Vor der Geburt kannte ich keine Namen.
2. Nach der Geburt war der Name eine Vorstellung.
3. Wenn jeder Teil des Körpers untersucht wird, kann kein Name ermittelt werden.

Schlussfolgerung:
1. Ich [Atman] bin nicht dieser Name.
2. Dieser Name gehört nicht mir.
3. Vom physischen Körper betrachtet ist der Name eine Vorstellung.
4. Ich, der Wissende [Atman] bin jenseits aller Namen so wie der Wahrnehmende eines Topfes.

Farben:

1. Vor der Geburt kannte ich keine Farben.
2. Nach der Geburt war Farben eine Vorstellung.
3. Farben sind direkte Wahrnehmungen.

Schlussfolgerung:
1. Ich [Atman] bin nicht diese Farbe.
2. Diese Farbe gehört nicht mir.
3. Farben gehören zur Wahrnehmung.
4. Ich, der Wissende [Atman] bin jenseits aller Farben so wie der Wahrnehmende eines Topfes.

Beziehungen:

1. Beziehungen wie z. B. Vater-Sohn, Mutter-Tochter, Ehemann-Ehefrau, Lehrer-Schüler werden vom physischen Körper wahrgenommen [erkannt].
2. Aufgrund der Analyse kann keine Beziehung erzielt werden [z. B. Unterschiede einer Beziehung im Traumzustand und keine Wahrnehmung im Tiefschlaf].
3. Ich [Atman] bin ohne Beziehung und vom physischen Körper unabhängig.

Schlussfolgerung:
1. Ich [Atman] bin nicht diese Beziehung.
2. Diese Beziehung gehört nicht mir.
3. Beziehungen werden dem physischen Körper zugeschrieben [projiziert].
4. Ich, der Wissende [Atman] bin jenseits aller Beziehungen so wie der Wahrnehmende eines Topfes.

Veränderungen [Formen]:

1. Veränderungen [Formen] wie z. B. kurz, lang, dünn, dick, gerade, gekrümmt werden vom physischen Körper wahrgenommen [erkannt].
2. Ich [Atman] bin ohne Veränderungen [Formen] und vom physischen Körper unabhängig.

Schlussfolgerung:
1. Ich [Atman] bin nicht diese Veränderung [Form].
2. Diese Veränderung [Form] gehört nicht mir.
3. Veränderungen [Formen] werden wahrgenommen.
4. Ich, der Wissende [Atman] bin jenseits aller Veränderungen [Formen] so wie der Wahrnehmende eines Topfes.

Geburt und Tod:

1. Betrachtet man Atman [das Selbst] als physischen Körper so schreibt man dem Selbst [Atman] Namen und Formen zu. Laut Analyse sind Namen nur Vorstellungen und Veränderungen [Formen] sind Wahrnehmungen daher kann in diesem Fall keine absolute Ursache [Geburt] ermittelt werden.
2. Betrachtet man Atman als Brahman so ist Atman so wie Brahman ungeboren, ewig und unveränderlich.

Daraus folgt:
1. Für das Selbst [Atman] existiert keine Geburt.
2. Wenn das Selbst [Atman] nicht geboren wurde, existiert somit auch kein Tod.
3. Für das Selbst [Atman] existiert weder Geburt noch Tod. Es ist frei von Geburt, der Existenz einer früheren Nicht-Existenz, Wachstum, Veränderung, Verfall und Tod.

Schlussfolgerung:
1. Ich [Atman] bin jenseits von Geburt und Tod.
2. Geburt und Tod gehören nicht zu mir.
3. Die Ursache von Geburt und Tod ist der physische Körper jedoch nicht das Selbst [Atman].
4. Ich, der Wissende [Atman] bin jenseits von Geburt und Tod so wie der Wahrnehmende eines Topfes.

Analyse und Negation der siebzehn Aspekte des subtilen Körpers

1. Wenn die siebzehn Aspekte vorhanden sind, nehme ich sie wahr [erkennen].
2. Wenn die siebzehn Aspekte nicht vorhanden sind, nehme ich ihre Abwesenheit wahr.

Schlussfolgerung:
1. Ich [Atman] bin nicht diese siebzehn Aspekte.
2. Diese siebzehn Aspekte gehören nicht mir.
3. Ich, der Wissende [Atman] bin jenseits der siebzehn Aspekte so wie der Wahrnehmende eines Topfes.

Analyse und Negation der Erinnerungen [chitta]

1. Wenn Erinnerungen vorhanden sind, nehme ich sie wahr [erkennen].
2. Wenn Erinnerungen nicht vorhanden sind, nehme ich ihre Abwesenheit wahr.

Schlussfolgerung:
1. Ich [Atman] bin nicht diese Erinnerungen.
2. Diese Erinnerungen gehören nicht mir.
3. Ich, der Wissende [Atman] bin jenseits der Erinnerungen so wie der Wahrnehmende eines Topfes.

Analyse und Negation der „Ego-Funktion"

1. Aufgrund der Unwissenheit wird dem Selbst [Atman] die Identifikation mit dem physischen Körper als „Handelnder" [physisch], „Fühlender" [mental] und Denker [intellektuell] zugeschrieben. Diese Zuschreibung ist ein Missverständnis [Projektion]. Dieses mentale Aggregat wird als „Ego" oder „Ego-Gedanke" bezeichnet.

2. Den „Ego-Gedanken" nehme ich wahr [erkennen].

3. Wenn der „Ego-Gedanke" nicht vorhanden ist [z. B. im Tiefschlaf], nehme ich seine Abwesenheit [im Wachzustand] wahr.

Schlussfolgerung:

1. Ich [Atman] bin nicht dieser Ego-Gedanke.

2. Dieser Ego-Gedanke gehört nicht mir.

3. Ich, der Wissende [Atman] bin jenseits des Egos so wie der Wahrnehmende eines Topfes.

Analyse und Negation des kausalen Körpers

1. Ich kenne den Tiefschlafzustand aufgrund der Aussagen von „Ich habe gut [glücklich] geschlafen" und „Ich weiß nichts darüber".

2. Ich kenne die Abwesenheit des Tiefschlafzustands [während des Wachzustands und Traumzustands].

Schlussfolgerung:

1. Ich [Atman] bin nicht der kausale Körper [Tiefschlafzustand].

2. Das Selbst [Atman] ist jenseits des kausalen Körpers so wie der Wahrnehmende eines Topfes.

Reflexion über das Gefühl der „Unvollständigkeit"

Warum beklagt man sich etwas „zu besitzen" oder „nicht zu besitzen", etwas „zu erreichen" oder „nicht zu erreichen", etwas „zu verstehen" oder „nicht zu verstehen"?
Die Ursache ist ein „Gefühl" der Unvollständigkeit.
Laut der Analyse und Negation des subtilen Körpers nimmt man Gefühle wahr, der Atman [das Selbst] ist jedoch jenseits davon und absolut vollständig [paripurna].

Reflexion über das Gefühl einer „Sicherheit"

Auch das Gefühl einer „Sicherheit", ob physisch [körperlich, finanziell], emotional oder intellektuell ist nicht nur begrenzt, sondern vergänglich daher veränderlich. Laut der Analyse und Negation einer Veränderung [Form] nimmt man Veränderungen wahr, der Atman [das Selbst] ist jedoch jenseits davon und unveränderlich [nirvikara].

Das Selbst [Atman] ist jenseits der fünf Hüllen

Ich bin jenseits der fünf Hüllen, Annamaya-Kosha, Pranamaya-Kosha, Manomaya-Kosha, Vijnanamaya-Kosha und Anandamaya-Kosha. Diese fünf Hüllen sind nicht das Selbst [Atman].
Der physische Körper besteht aus Annamaya-Kosha [Nahrung].
Der subtile Körper besteht aus Pranamaya-Kosha [Lebensenergie], Manomaya-Kosha [Denken] und Vijnanamaya-Kosha [Intellekt].

Der Kausalkörper wird Anandamaya-Kosha genannt [Glückseligkeit durch Unwissenheit verschleiert]. Diese fünf Hüllen [koshas] unterliegen Veränderungen, aber ich bin das unveränderliche, ungeborene, ewige Selbst [Atman].

Analyse und Negation der fünf Hüllen

Annamaya-Kosha [Hülle der Nahrung]:

1. Der physische Körper wird durch die Kombination von Samenzellen [Vater] und Eizelle [Mutter] gebildet.
2. Der physische Körper wächst durch Nahrung.
3. Der physische Körper wird nach dem Tod zur Erde [Nahrung].
4. Vor der Geburt und nach dem Tod existiert dieser physische Körper nicht.
5. Da der physische Körper dem Tod ausgesetzt ist, ist er wie jedes andere zerstörbare Objekt.
6. Im Traum oder Tiefschlaf nehme ich diesen physischen Körper nicht wahr, deshalb ist er nicht dauerhaft.
7. Die Aussagen „Ich bin eine Frau, Ich bin ein Mann, Ich wurde geboren, Ich werde sterben, Ich wachse, Ich verändere mich, Ich bin schwach, Ich bin jung, Ich bin alt, Ich habe einen Namen, Ich gehöre einer Kultur an, Ich esse usw." gehören zu Annamaya-Kosha.
8. Die Natur des Atman [absolute Existenz] ist jenseits von Geburt und Zerstörung.

Schlussfolgerung:
1. Ich [Atman] bin nicht Annamaya-Kosha.
2. Annamaya-Kosha gehört nicht zu mir.
3. Annamaya-Kosha gehört zum physischen Körper.

4. Ich, der Wissende [Atman] bin jenseits von Annamaya-Kosha so wie der Wahrnehmende eines Topfes.

Pranamaya-Kosha [Hülle der Vitalität oder Lebensenergie]:

1. Die Hülle der Lebensenergie ist eine Verbindung aus den fünf Pranas [Lebensenergien] und den fünf Tätigkeitsorganen [Sprache, Hände, Füße, Organe der Fortpflanzung, Organe der Ausscheidung]. Durch sie entsteht die Aktivität des physischen Körpers.
2. Wenn eine Person schläft, sind die Pranas aktiv. Aber diese Pranas können während dieser Zeit mit keiner anderen Person interagieren.
3. Wenn z. B. Diebe, Geld stehlen wurden, könnten die Pranas nichts dagegen tun, deshalb sind sie ohne Bewusstsein [Atman], leblos.
4. Die Aussagen „Ich lebe, Ich bin hungrig Ich bin leistungsfähig usw." gehören zu Pranamaya-Kosha.
5. Das Selbst [Atman] nimmt jedoch die Pranas wahr.

Schlussfolgerung:
1. Ich [Atman] bin nicht Pranamaya-Kosha.
2. Pranamaya-Kosha gehört nicht zu mir.
3. Pranamaya-Kosha gehört zum subtilen Körper.
4. Ich, der Wissende [Atman] bin jenseits von Pranamaya-Kosha so wie der Wahrnehmende eines Topfes.

Manomaya-Kosha [Hülle des Geistes, Denken]:

1. Die Hülle des Geistes besteht aus der Denkfähigkeit und den fünf Sinnen der Wahrnehmung [Augen, Ohren, Geschmackssinn, Tastsinn, Geruchssinn].

2. Die Denkfähigkeit und die Sinne der Wahrnehmung unterliegen Veränderungen z.B. verschiedene Emotionen und Gedanken.

3. Die Aussagen „Ich empfinde Lust, Ich bin traurig, Ich fühle mich jämmerlich, Ich bin in der Lage zu sehen, Ich bin in der Lage zu hören, Ich empfinde usw." gehören zu Manomaya-Kosha.

4. Das Selbst [Atman] ist der Zeuge aller Emotionen und Gedanken daher das unveränderliche Gewahrsein aller Veränderungen.

Schlussfolgerung:

1. Ich [Atman] bin nicht Manomaya-Kosha.

2. Manomaya-Kosha gehört nicht zu mir.

3. Manomaya-Kosha gehört zum subtilen Körper.

4. Ich, der Wissende [Atman] bin jenseits von Manomaya-Kosha so wie der Wahrnehmende eines Topfes.

Vijnanamaya-Kosha [Hülle des Intellekts oder Vernunft]:

1. Die Hülle des Intellekts besteht aus dem Unterscheidungsvermögen und den fünf Sinnen der Wahrnehmung [Augen, Ohren, Geschmackssinn, Tastsinn, Geruchssinn].

2. Der Intellekt unterliegt Veränderungen und ist zerstörbar.

3. Die Aussagen „Ich bin weise, Ich bin unerfahren, Ich erinnere mich an gestern, Ich kenne die Schriften, Ich besitze Intelligenz usw." gehören zu Vijnanamaya-Kosha.

4. Das Selbst [Atman] ist der Zeuge des Intellekts, weil er sich des Intellekts bewusst ist.

Schlussfolgerung:

1. Ich [Atman] bin nicht Vijnanamaya-Kosha.

2. Vijnanamaya-Kosha gehört nicht zu mir.

3. Vijnanamaya-Kosha gehört zum subtilen Körper.
4. Ich, der Wissende [Atman] bin jenseits von Vijnanamaya-Kosha so wie der Wahrnehmende eines Topfes.

Anandamaya-Kosha [Hülle der Glückseligkeit]:

1. Die Hülle der Glückseligkeit ist die Ursache aller anderen Hüllen aufgrund der Unwissenheit [avidya].
Die Funktion des Intellekts wendet sich dem Selbst [Atman] zu und genießt für eine begrenzte Zeit die Glückseligkeit des Selbst.
2. Die Hülle der Glückseligkeit ist flüchtig so wie eine Wolke am Himmel.
3. Die Aussagen „Ich weiß, Ich weiß es nicht, Ich bin glücklich usw." gehören zu Anandamaya-Kosha.
4. Ich [Atman] bin unveränderlich und ewig.

Schlussfolgerung:
1. Ich [Atman] bin nicht Anandamaya-Kosha.
2. Anandamaya-Kosha gehört nicht zu mir.
3. Anandamaya-Kosha gehört zum kausalen Körper.
4. Ich, der Wissende [Atman] bin jenseits von Anandamaya-Kosha so wie der Wahrnehmende eines Topfes.

Das Selbst [Atman] ist jenseits der drei Zustände

Atman [das Selbst] ist das Gewahrsein und belebt die drei Zustände [Wachzustand, Traumzustand, Tiefschlaf].
Diese veränderlichen Zustände werden unterschiedlich erreicht.

Interaktionen der vierzehn Sinne im Wachzustand werden falsch [mityha] wahrgenommen.

Aus Wahrnehmungen des Wachzustands projizieren mentale Eindrücke [vasanas] einen Traum, der eine falsche Welt [Traumwelt] darstellt.

Wo alle Wahrnehmungsinstrumente verschmelzen, da entsteht der Tiefschlafzustand.

Turiya oder der vierte Zustand ist alldurchdringend und geht über alles hinaus. Das ist Brahman oder das Selbst [Atman].

Kommentar:

Vierzehn Sinne:
Hören, Tastsinn, Sehen, Geschmackssinn, Geruchssinn.
Sprache, Erfassen [Hände], Fortbewegung [Füße], Organe der Fortpflanzung, Organe der Ausscheidung.
Denken, Intellekt, Erinnerung, Ego-Gedanke.

Analyse und Negation der drei Zustände
[Wachzustand, Traumzustand, Tiefschlaf]

Wachzustand:
1. Der Zustand, in dem die vierzehn Sinne aktiv sind.
2. Wenn ich [Atman] im Wachzustand bin, erkenne ich es.
3. Während des Traumzustands und Tiefschlafs [oder Ohnmacht] erkenne ich die Abwesenheit des Wachzustands.

Schlussfolgerung:
1. Ich [Atman] bin nicht der Wachzustand.
2. Der Wachzustand gehört nicht zu mir.
3. Der Wachzustand gehört zum physischen Körper.
4. Ich, der Wissende [Atman] bin das Gewahrsein [davon] so wie der Wahrnehmende eines Topfes.

Traumzustand:
1. Aus den Wahrnehmungen des Wachzustands projizieren mentale Eindrücke [vasanas] einen Traum.
2. Es ist bewiesen, dass ich [Atman] die Abwesenheit von einem Traum im Wachzustand und Tiefschlaf erkenne.

Schlussfolgerung:
1. Ich [Atman] bin nicht der Traumzustand.
2. Der Traumzustand gehört nicht zu mir.
3. Der Traumzustand gehört zum subtilen Körper.
4. Ich, der Wissende [Atman] bin das Gewahrsein [davon] so wie der Wahrnehmende eines Topfes.

Tiefschlaf:

1. Wenn ein Mensch aus dem Tiefschlaf erwacht und sagt: „Ich habe glücklich geschlafen und weiß nichts". Dieser Zustand der Freude und Unwissenheit wird vom Selbst [Atman] wahrgenommen und als Tiefschlaf bezeichnet.
2. Ich [Atman] kenne den Zustand des Tiefschlafs [„glücklich geschlafen und nichts gewusst"].
3. Ich [Atman] kenne die Abwesenheit vom Tiefschlaf [beim Aufwachen und Träumen].

Schlussfolgerung:
1. Ich [Atman] bin nicht der Tiefschlaf.
2. Der Tiefschlaf gehört nicht zu mir.
3. Der Tiefschlaf gehört zum kausalen Körper.
4. Ich, der Wissende [Atman] bin das Gewahrsein [davon] so wie der Wahrnehmende eines Topfes.

Die relative Wirklichkeit der Welt

Verzichte auf die Identifikation mit allen Erscheinungen, fokussiere den Verstand auf die Essenz [absolutes Bewusstsein] des Universums.
Diese drei Zustände, Wachzustand, Traum und Tiefschlaf gehören zur empirischen Welt [relative Realität].

So wie Perlmutt als Silber erscheint, so erscheint Brahman als die drei Zustände des Bewusstseins. Diese scheinbare Welt ist so falsch [mithya] wie Silber und Brahman so wahr [satyam] wie Perlmutt.
Durch Unwissenheit wird Perlmutt als Silber wahrgenommen [falsch interpretiert].
So wie ein Faden eine Blumengirlande zusammenhält, so unterstützt Brahman dieses Universum.

Untersuche die Natur mit der Axt der fünffachen Argumentation und entferne die Unwissenheit ohne Furcht.

Was in den drei Zeiträumen nicht existiert und nur für eine Weile erscheint, ist falsch [mithya] und sollte negiert werden. Das, was die Essenz [Brahman] aller Veränderungen ist und selbst unveränderlich bleibt, das ist die Wahrheit, das Absolute, „Das bist Du".

Brahman zu sein und alles andere als falsch [mithya] zu erkennen, so erreiche absolute Glückseligkeit und unendlichen Frieden [Selbsterkenntnis].

Kommentar:

Fünffache Argumentation:

1. Original und Reflexion beseitigt die Unwissenheit einer Differenz.

2. Die täuschend rote Farbe in einem Kristall aufgrund der Nähe eines roten Objekts beseitigt die Unwissenheit über die Vorstellung eines „Handelnden".

3. Der Raum innerhalb und außerhalb eines Objekts beseitigt die Unwissenheit über eine Beziehung.

4. Das Beispiel „Schlange-Seil" beseitigt die Unwissenheit einer Veränderung.

5. Das Beispiel „Gold-Goldornamente" beseitigt die Unwissenheit, dass Brahman und die empirische Welt unterschiedlich wären.

Reflexion über die Existenz

Der gemeinsame Faktor einer Schlange [empirische Realität] und dem Seil [absolute Realität] ist die „Existenz".
Unwissenheit „ist". Wissen „ist".
Ein Name „ist". Eine Form „ist".
Etwas „ist" oder etwas „ist" nicht.
Jede Bezeichnung, jede Form, jedes Objekt ist auf „ist" reduzierbar. „Ist" oder das „Ist-Sein" selbst kann man nicht negieren. Diese absolute Existenz ist Brahman bzw. Atman.

Reflexion über das „Ich"

„Ich" oder „Ich bin" ist objektlos, eigenschaftslos, unveränderlich jedoch „bewusst" [Atman].
Alles andere ist eine Zuschreibung [Projektion von Namen und Formen] zum „Ich bin" und somit veränderlich, relativ.
Selbst der Ego-Gedanke, das Gefühl einer Individualität ist eine Zuschreibung!

Reflexion über das Konzept der Zeit

Erfahrungen oder Gedanken, Erinnerungen [Vergangenheit] oder Erwartungen [Zukunft] nimmt man immer gegenwärtig, daher im „Moment" wahr.
Die Aneinanderreihung „gegenwärtiger Momente" erzeugt eine „scheinbare" Kontinuität, genannt „Zeit". Das Konzept der Zeit [Vergangenheit, Gegenwart und Zukunft] sind Projektionen aus der permanenten Allgegenwart.

Was ist die kleinste Zeiteinheit?
„Zwei oder Zweite [lat. secunda]." Im ersten Gedanken ist keine Messung möglich, eine Nullzeit. Im ersten Gedanken existieren auch es keine Vasanas, sondern nur das absolute Bewusstsein [Brahman].
[*Anmerkung:* Die Bezeichnung „erster Gedanke" ist relativ, den wenn nur Brahman allein daher „eins" existiert, wird der Begriff „erster Gedanke" bedeutungslos].
Erst mit einem zweiten Gedanken [vasanas oder die Totalität „Maya"] wird Zeit [bzw. Raum] erschaffen.
[Swami Chinmayananda]

Reflexion über das Konzept des Raums

Die Messung einer Distanz oder „der Raum dazwischen" erfordert mindest zwei Standorte im Raum. Für den alldurchdringen Raum selbst existiert weder ein Raum „dazwischen" noch „darüber" oder „darunter", noch ein Raum „innerhalb" oder „außerhalb" davon. Der Raum innerhalb und außerhalb eines Zimmers unterscheidet sich nicht. Doch die subjektive Interpretation [Projektion] erzeugt eine scheinbare „Trennung" zwischen „innerhalb" und „außerhalb", „darüber" oder „darunter".

Reflexion über das Konzept der Kausalität

Es kann so etwas wie eine „erste Ursache" nicht geben, den vor der „ersten Ursache" wäre „keine Ursache" - aber das, was ohne Ursache ist, hätte auch keinen Effekt. [adaptiert von Swami Parthasarathy].
Falls es vor der ersten Ursache eine andere Ursache gab, wäre es nicht mehr die erste Ursache bzw. könnten unendlich viele Ursachen davor geschehen sein. Eine unendliche Anzahl von Ursachen vor einer Ursache bleibt ohne Ursache.

Reflexion über das Konzept der Dualität

Wachzustand und Traumzustand sind Zustände mentaler Aktivität, deren Charakteristik die Anwesenheit eines Subjekts [Wahrnehmender] und Objekts [Wahrnehmung] ist. Dualität ist eine „scheinbare Trennung" der Nicht-Dualität [Brahman] in ein Subjekt und Objekt. Dualität ist ebenfalls ein Konzept, denn z. B. im Tiefschlaf ist keine Dualität wahrnehmbar.

Reflexion über das Bewusstsein

Absolutes Bewusstsein bzw. Bewusstsein selbst ist nicht objektivierbar. Wäre „Bewusstsein" ein Objekt [Produkt, Wahrnehmung oder ein Effekt] wer oder was wäre sich diesem „Bewusstseins-Objekt" wiederum bewusst? Selbst wenn aufgrund gewisser Stimuli bestimmte Gehirnaktivitäten nachweisbar sind, so ergeben diese Ergebnisse, objektive Wahrnehmungen.
Jede Bezeichnung ober Überlegung über das Bewusstsein selbst, wird aufgrund des Bewusstseins wahrgenommen und unterstützt.

Absolutes Bewusstsein [Atman bzw. Brahman] ist daher laut Advaita Vedanta jenseits aller Definitionen.

Überlegungen [A.Sharma]: [1]
1. Bewusstsein als eine Eigenschaft des physischen Körpers müsste entweder essenziell oder zufällig sein. Wenn essenziell, kann die Abwesenheit im Zustand der Ohnmacht oder Tiefschlaf nicht erklärt werden. Wenn zufällig, muss ein anderer Faktor berücksichtigt werden.

2. Meistens wird Bewusstsein in Verbindung mit einem physischen Körper assoziiert, jedoch spricht nichts dagegen, dass Bewusstsein nach der Auflösung [des physischen Körpers] in einer anderen Form weiterexistiert. Das Auge kann ohne Licht nichts sehen, aber „Sehen" ist eine Eigenschaft der Augen, nicht des Lichts.

3. Ein Mensch träumt davon, ein Tiger zu sein. Beim Aufwachen verleugnet er den „Traumkörper des Tigers", aber nicht den Traum selbst, daher das Bewusstsein während dieser Traumphase.

[1] Arvind Sharma, The Philosophy of Religion and Advaita Vedanta: A Comparative Study in Religion and Reason

Analyse und Negation der Welt

Analyse eines Objekts:

Jedes Objekt besteht aus fünf Aspekte:
1. Asti [Sat oder Existenz]
2. Bhati [Chit oder Bewusstsein, Wissen]
3. Priya [Ananda oder Glückseligkeit]

4. Nama [Name]
5. Rupa [Form]

Namen und Formen [Nama-Rupa] sind illusorisch [relativ, veränderlich] und werden durch das absolute Bewusstsein [Atman] unterstützt. Die drei ersten Aspekte [Asti, Bhati, Priya bzw. „Sat", „Chit", „Ananda"] sind die Natur der absoluten Realität [Atman, Brahman].
Asti [Existenz], Bhati [Bewusstsein] und Glückseligkeit im Sinne der Unendlichkeit [ananta] des Selbst [Atman] können sich nicht selbst negieren.
Namen und Formen [Nama-Rupa] jedoch können in jeweils weitere Namen oder Formen negiert und letztendlich auf die „unveränderliche Existenz" reduziert werden.

Subjektive Analyse:

1. Asti - „Ich bin", ist Existenz.
2. Bhati - „Ich weiß", ist das Gewahrsein [das objektlose Wissensprinzip].
3. Priya - „Ich werde von einem anderen geliebt", ist Liebe und im weiteren Sinn „Glückseligkeit".
4. Nama - Körper, Sinne, Lebensenergien [Pranas], Denken, Intellekt, Erinnerungen [Chitta], Ego [Ahamkara] und Unwissenheit [Ajnana oder Avidya] sind Namen.
5. Rupa - ihre jeweilige Ausprägung ist die Form.

Objektive Analyse:

1. Asti - „Das ist Feuer".
2. Bhati - „Das Feuer leuchtet", ist bekannt.
3. Priya - „Das Feuer wird bevorzugt"; Feuer beseitigt Dunkelheit und Kälte.
4. Nama - „Feuer", ist der Name.

5. Rupa - „besitzt die Qualität der Hitze", ist die Form.

Analyse der Beziehung zur Unwissenheit [Ajnana, Avidya]:

1. Asti - „Das weiß man nicht", ist Unwissenheit.
2. Bhati - Unwissenheit ist bekannt.
3. Priya - Unwissenheit wird geliebt; unwissende Menschen lieben die Welt, Unwissenheit ist der Ursprung der Welt.
4. Nama - „Ajnana" oder „Avidya", ist der Name.
5. Rupa - „besitzt die Aspekte der Verschleierung und Projektion, ohne Anfang, unbeschreiblich", ist die Form.

Kommentar: In diesem Sinn wird Unwissenheit [Ajnana, Avidya] ebenfalls durch das absolute Bewusstsein [Brahman] unterstützt.

„Im Unveränderlichen, unendlichen höchsten Brahman bleiben die beiden verborgen: Wissen und Unwissenheit. Unwissenheit [avidya] führt zu Weltlichkeit und Wissen [vidya], zu Unsterblichkeit. Brahman, der sowohl Wissen als auch Unwissenheit kontrolliert, unterscheidet sich von beiden." [Shvetashvatara Upanishade 5.1]

Die Eigenschaften des Atman [Selbst]

Es gibt zwei Arten von Eigenschaften:
Positive und Verneinende. Sat [Existenz], Chit [Bewusstsein, Wissen], Ananda [Glückseligkeit], das Absolute, der Seher, selbstexistent, der Zeuge, sind die positiven Eigenschaften.
Der Seher und Betrachter sind eins.
Unendlich, unteilbar, ohne Assoziation, eins ohne ein Zweites, ohne Geburt, unveränderlich, ohne Form, nicht manifestiert, ohne Modifikation, das sind die verneinenden Eigenschaften.

Nach der Meditation über das Selbst, unter der Führung eines Lehrers [Guru] und der Schriften, erlangt ein Aspirant mit Hilfe dieser Eigenschaften Selbsterkenntnis.

Was bleibt übrig? Die Wahrheit

„Wenn Du das Unmögliche ausgeschlossen hast, dann ist das, was zurückbleibt, die Wahrheit, wie unwahrscheinlich sie auch ist." [The Adventure of the Beryl Coronet - Sherlock Holmes]

Diese äußere [physische] Welt - die fünf Elemente [Raum, Erde, Wasser, Feuer, Luft], Klang, Berührung, Form, Geschmack, Geruch, das Universum, die vierzehn Welten, der physische Körper - basieren auf Substanzen, die durch solche Namen und Formen gekennzeichnet sind. Sie erkennen uns nicht. Es ist Atman [Bewusstsein, der Wissende] der alles offenbart, was äußerlich [äußerlich wahrnehmbar] ist.
Die innere Welt - die fünf Koshas [Hüllen], die drei Körper, die drei Zustände, die fünf Organe der Handlung, die fünf Sinnesorgane [Wissensorgane], die fünf Pranas, die fünf Upa-Panas, Denken, der Intellekt, Erinnerungen, der Ich-Gedanke [Ego], Zweifel, die Auflösung, der Jiva im Wachzustand, der Jiva im Traumzustand, der Jiva im Tiefschlaf, die drei Ebenen der Realität, die drei Gunas, Glück, Leiden, Wissen [jnana], Unwissenheit [ajnana], priya [Liebe], apriya, die vierfache Voraussetzung für Advaita Vedanta, Sravana, Manana, Nididhyasana , Samadhi, Pramana, Prameya, die drei Arten von Leiden, mentaler Kummer, Krankheit, Gesundheit, Hingabe, Vairagya [Entsagung], Verehrung einer persönlichen Gottheit, Auflösung des Geistes, Zerstörung aller Tendenzen, die Befreiung ohne Körper, die Befreiung während eines Lebens - basiert auf die Vielfältigkeit von Namen und Formen.

Sie erkennen uns nicht. Es ist Atman [Bewusstsein, der Wissende] der alles offenbart, was innerlich [innerlich wahrnehmbar] ist.

Zusammenfassung: Dies ist der Beweis, dass der Atman [Brahman] reines, objektloses, absolutes Bewusstsein ist.

„Sanatkumara sagte zu ihm: Was du gelesen hast, sind nur Namen." [Chandogya Upanishade 7.1.3]

Die Beschreibung von Sat – Chit – Ananda

Ich bin von Natur aus Sat – Chit – Ananda [absolute Existenz - absolutes Wissen - absolute Glückseligkeit].
Ich habe es [Atman] aus den Unterweisungen der Lehrer erkannt.
Das Selbst [Atman] existiert im Wach-, Traum- und Tiefschlafzustand.
Das Selbst existiert in den drei Zeitperioden.
Deshalb ist das Selbst „Sat" oder absolute Existenz.
Das Selbst nimmt alles in den drei Zeitperioden wahr.
Deshalb ist das Selbst „Chit" oder Bewusstsein [Wissen].
Ich werde in drei Zeitperioden aufgrund des Reichtums - der Familie - des physischen Körpers, geliebt. Diese Liebe ist nicht vollständig. Alles wird um seiner selbst willen geliebt.
Beliebt, wenn es glücklich macht, anderenfalls ist es traurig.
Das, was man am meisten liebt, ist die absolute Glückseligkeit [Atman], jenseits der Trauer. Ich bin jenseits aller Zustände.
Ich bin Brahman.

Kommentar:

Drei Zeitperioden:
Aufwachen – Träumen – Tiefschlaf.
Am Morgen – zu Mittag – am Abend.
Tag – Nacht – vierzehn Tage [Hälfte des Monats].
Monat – Jahreszeit – Jahr.
Kindheit – Jugend – Alter.
Vorherige Geburt – aktuelle Geburt – zukünftige Geburt.
Schöpfung – Erhaltung – Zerstörung.
Vergangenheit – Gegenwart – Zukunft.

Was liebt man wirklich?

1. Im Wachzustand ist einem der Reichtum wichtiger als alle Objekte, weil man für den Reichtum seine Heimat verlässt und ins Ausland reist.
2. Wichtiger als der Reichtum ist einem der Sohn oder die Tochter [Familie]. Denn er gibt sein Geld für seinen Sohn oder seine Tochter [Familie] aus.
3. Wichtiger als Sohn oder Tochter [Familie], ist einem der eigene Körper. Denn in den unerfreulichen Situationen vernachlässigt man seinen Sohn oder seine Tochter [Familie] und rettet seinen physischen Körper.
4. Wichtiger als der eigene physische Körper sind einem die Sinnesorgane. Denn man würde lieber eine Verletzung der Arme oder Beine des Körpers bevorzugen, aber nicht seiner Sinnesorgane.
5. Die Vitalität [Prana] ist einem wichtiger als die Sinnesorgane. Man würde seine Augen, seine Ohren usw. vernachlässigen, bevor man seine Vitalität verliert.

6. Der Verstand ist einem wichtiger als die Sinnesorgane. Man würde Blindheit usw. erleiden, aber hoffen nicht seinen Verstand zu verlieren.

7. Wichtiger als die Liebe zum Verstand und Leben [Vitalität] ist die Liebe zum Atman oder dem Selbst. Im Zustand starker Schmerzen schreit man: „Ich wäre glücklicher, wenn ich dieses [leidvolle] Leben aufgebe."

Das Selbst [Atman] ist einem wichtiger [lieber] als sein Leben und sein Verstand. So sollte man die Liebe um des Atman willen untersuchen und die absolute Liebe im Selbst [Atman] erkennen.

Die höchste Wahrheit

Brahman ist jenseits des Intellekts und der Sprache. So wurde es in den Schriften und von den Weisen wiedergegeben.

Die Veden beschreiben Brahman, damit der Schüler seine Gedanken auf Brahman fokussieren kann.

Das Unendliche, Unteilbare, Beziehungslose und Nicht-Duale, usw. bleiben als verneinende Eigenschaften übrig.

Sie negieren das empirische Universum, die verbleibende Essenz wird als unbeschreiblich definiert.

So ist Atman [Brahman] oder das höchste Selbst das Thema aller Schriften.

Ein weiser Mann, der die Reflexion [im Intellekt] negiert hat, erkennt die wahre Bedeutung des „Ich", das Brahman ist [Selbsterkenntnis].

Absolutes und reflektiertes Bewusstsein

Es gibt [scheinbar] zwei Formen des Bewusstseins, das absolute Bewusstsein [Brahman] und reflektierte Bewusstsein [Isvara und Jiva].

Die reflektierte Form des Bewusstseins ist die Ursache der empirischen Welt [Universum].

So wie die Sonne in zwei Formen erscheint; als echte Sonne und als Sonne, die sich im Wasser spiegelt.
Die echte Sonne ist dem absoluten Bewusstsein ähnlich und ihre Reflexion dem reflektierten Bewusstsein.

Aufgrund des Karmas [vasanas] ist die Schöpfung und Zerstörung der Welten [dieser und jener] unterschiedlich.
Diese Erscheinungen [Schöpfungen] des reflektierten Bewusstseins sind unrein [relativ] daher nicht absolut.
Absolute Existenz, absolutes Wissen und absolute Glückseligkeit ist die Natur des absoluten Bewusstseins.
Ein Schüler sollte Namen und Formen negieren und sich selbst als „Ich bin Brahman" erkennen [Selbsterkenntnis].

Die Identität von Tat [Gott] und Tvam [Seele]

Die wörtliche Bedeutung von „Tat" und „Tvam" ist unterschiedlich, aber die indikative [d.h. Brahman] Bedeutung ist gleich.
Das, was die Differenz ausmacht, wie Zeit, Raum und Eigenschaften, sollte man negieren um die essenzielle Identität zu erkennen.
Die wörtliche Bedeutung von „Tat" ist Gott [Isvara], der die Ursache für die Schöpfung, Erhaltung und Auflösung der Welt [des Universums] ist, der allwissende Kenner aller Herzen [Seelen]. Die indikative Bedeutung von „Tat" ist Brahman, das Absolute ohne Begrenzungen der Maya.

Die wörtliche Bedeutung von „Tvam" ist die individuelle Seele [Jiva], die sich im Prozess der Seelenwanderung befindet und durch Unwissenheit [Avidya] begrenzt ist. Die indikative Bedeutung von „Tvam" ist ebenfalls Brahman, das Absolute ohne Begrenzungen aufgrund der Unwissenheit [Avidya]. Wer „Ich bin Brahman" erkennt, erreicht Brahman.

Kommentar: Brahman [Atman] ist die Essenz von Isvara [Gott] und Jiva [Seele].

Die wörtliche und indikative Bedeutung von „Tat" [Isvara]:

1. Maya ist die scheinbare Begrenzung von Isvara [Gott].
2. Schöpfung, Aufrechterhaltung und Auflösung bilden einen Schöpfungszyklus Gottes.
3. Sattva, Rajas und Tamas [die drei Gunas] bilden das Material der Schöpfung.
4.
Virat [das physische Universum oder die Gesamtheit aller physischen Körper], Hiranyagarbha [Gesamtheit aller subtilen Körper] und Isvara bzw. Avyakta [Gesamtheit aller kausalen Körper] bilden die drei Körper Gottes.
5. Der Herr aller Wesen, der „göttliche Faden" der alle Seelen verbindet, der innere Bewohner [Gewahrsein] aller Seelen sind die Bezeichnungen Gottes.
6. Schöpfung ist die Handlung Gottes [Isvara].
7. Allmacht, Alldurchdringend, Allwissenheit, Einheit, Unabhängigkeit, Herrlichkeit, Transzendenz und [scheinbar] durch Maya begrenzt sind die Eigenschaften Gottes.

Nachdem all das und Maya negiert wurde, bleibt das absolute Bewusstsein [Brahman] übrig. Das ist die essenzielle Bedeutung von „Tat".

Die wörtliche und indikative Bedeutung von „Tvam"
[individuelle Seele, Jiva]:

1. Augen, der Hals und das Herz sind die Aufenthaltsorte der individuellen Seele [Augen im Wachzustand, der Hals im Traumzustand und das Herz im Tiefschlaf].
2. Wachzustand, Traumzustand und der Tiefschlaf sind die drei Zustände der individuellen Seele.
3. Physischer Natur, subtil und kausal sind die drei Körper der individuellen Seele.
4. Physischer Natur, subtil und kausal sind die Freuden der individuellen Seele.
5. Der Handelnde im Wachzustand, der Träumer und Tiefschläfer sind die Bezeichnungen der individuellen Seele.
6. Der Prozess vom Wachzustand bis zur Befreiung [Selbsterkenntnis] ist die Erschaffung der individuellen Seele.
7. Begrenzte Stärke, begrenztes Wissen, begrenzte Existenz, Vielfalt, Abhängigkeit, großer Egoismus, fehlende Transzendenz, [scheinbar] durch Unwissenheit [Avidya] begrenzt - das sind die Eigenschaften einer individuellen Seele [Jiva].

Nachdem all das negiert wurde, wird Brahman als die Essenz des physischen, subtilen und kausalen Körpers erkannt. Das ist die essenzielle Bedeutung von „Tvam".

Das Erlöschen des Karmas

Wer die Erkenntnis des Selbst erlangt hat [Jnani], wird vom Karma [Prarabdha, Sanchita und Agami Karma], die durch Unwissenheit [Avidya] aufrechterhalten wurden, befreit.

Der Knoten von Geist und Materie wird durchbrochen; die Spuren von Bindung und Hass werden beseitigt.
So wie ein Lotusblatt vom Wasser unberührt bleibt, so bleibt er vor neuem Karma [Agami Karma] unberührt.
Seit seiner Geburt wirkt das Prarabdha Karma weiter, allerdings ohne den Weisen [Jnani] zu beeinflussen.
Für denjenigen, der das Selbst [Atman] erkennt, enden die Auswirkungen des Karmas.

Kommentar:

Drei Arten des Karmas:
1. Sanchita Karma - Alle angesammelten Handlungen aller früheren Geburten.
2. Prarabdha Karma - Der besondere Teil des Karmas, der für das Ausarbeiten im gegenwärtigen Leben vorgesehen ist.
3. Agami Karma - Das aktuelle Karma wird vom Individuum neu ausgeführt [erzeugt].

Die sieben Zustände der Selbsterkenntnis

Es gibt sieben Zustände der Selbsterkenntnis, die vom Weisen Vasishtha in der Schrift Yoga Vasishtha beschrieben wurden.

Ausgestattet mit den Mitteln zur Erkenntnis ist der erste Zustand.
Die Praxis des Zuhörens [Shravana] und Manana [Nachdenken] ist der zweite Zustand.
Tiefe Meditation [Nididhyasana] ist der dritte Zustand.
Direkte Selbsterkenntnis ist der vierte Zustand.
Kein Egoismus [Ego-Gedanke] und Besitzdenken ist der fünfte Zustand [durch ständiges Verweilen im Selbst].

Das Aufgeben aller Objekte der Wahrnehmung ist der sechste Zustand [durch ständiges Verweilen im Selbst].
Der siebte Zustand ist Turiya, der vierte und höchste Bewusstseinszustand, in dem sich alle Gedanken auflösen und das absolute Bewusstsein [Brahman, Atman] allein zurückbleibt. So wie im Tiefschlaf, wo keine Welt der Pluralität existiert, so ist der Zustand des höchsten Friedens [absolute Glückseligkeit].

Jivanmukti und Videhamukti

Wenn man das Selbst [Atman] erkennt, erlangt man Jivanmukti oder die Befreiung während eines Lebens [Selbsterkenntnis].
Die Unwissenheit und Bindung [an den Kreislauf der ewigen Wiedergeburt, Samsara] werden zerstört, man wird frei von Vorlieben und Abneigungen gegenüber der empirischen Welt.
Wenn das Körperbewusstsein vollständig transzendiert ist und die Wahrnehmung der Welt aufgegeben wurde, erreicht man Videhamukti. So wie ein Fluss in den Ozean eingeht, so geht er in Brahman ein, nachdem er sein reflektiertes Selbst [Jiva] zerstört [Zerstörung der Unwissenheit] hat.

Die Elemente des Vedanta

Erkenne das Selbst [Atman], das Ziel des Vedanta.
Zerstöre den Kreislauf der Wiedergeburten [Samsara] und
jeden Zweifel.
Was ist Befreiung [Selbsterkenntnis]? Was ist die Ursache der
Befreiung? Was sind die Mittel zur Befreiung?
Wer ist der Wissende aller Wahrnehmungen [Objekte]? Was
bedeutet „Ich bin" und „Tat"?
Realisiere es durch Untersuchung und Meditation. Erkenne
das eine Selbst [Atman] – bezeichnet als absolute Existenz,
absolutes Wissen und absolute Glückseligkeit. Dieses Selbst
[Atman] ist allgegenwärtig. Durch Wissen erkenne das Selbst
[Atman] und erlange Unsterblichkeit.

Kommentar:

Was ist die Natur des Selbst [Atman]?
1. Anders als der physische Körper, die Sinnesorgane, die
Lebensenergien [Pranas], das Denken, der Intellekt, die
Unwissenheit und das Nichts.
2. Es handelt nicht.
3. Es genießt nicht.
4. Jenseits aller Beziehungen.
5. Alldurchdringend.
6. Reines, objektloses Bewusstsein.

Was ist die Natur von Brahman?

1. Jenseits der empirischen Welt.
2. Jenseits aller Beziehungen.
3. absolute Vollständigkeit.
4. Reines, objektloses Bewusstsein.

Die Einheit von Atman und Brahman – Atman ist Brahman:

1. Absolute Existenz, absolutes Bewusstsein, absolute Glückseligkeit.
2. Herrlichkeit.
3. Allgegenwärtigkeit.

Ergänzende Texte
Laghu Vakya Vritti - Selbstanalyse

1. Der physische Körper ist die grobe Begrenzung des Selbst [Atman]. Das Begehren [Wünsche] zusammen mit den [fünf] Sinnesorganen und [fünf] Handlungsorganen, den Lebensenergien [pranas], der subjektiven Interpretation [denken, manas] und dem Intellekt [buddhi] bilden die subtile Begrenzung.

2. Unwissenheit [avidya] bildet die kausale Begrenzung. Als Zeuge befindet sich das reine Bewusstsein [Atman] jenseits der drei scheinbaren Begrenzungen und nimmt sie wahr. Die Reflexion des reinen Bewusstseins im Intellekt [buddhi] wird zum Jiva daher der individuellen Seele – die sich vorstellt [als Individuum] gute und schlechten Taten auszuführen.

3. Aufgrund der resultierenden Kraft [seiner guten und schlechten Taten, vasanas] wandert dieser Jiva [reflektiertes Bewusstsein] die ganze Zeit in diesen Welten [diesseits und jenseits]. Die größte Hürde des Lebens liegt im Bemühen, das reine Bewusstsein [Atman] von der Reflexion [Jiva] zu unterscheiden.

4. Die mentalen Aktivitäten des reflektierten Bewusstseins [Jiva] beschränken sich auf den Wachzustand und Traumzustand; im Tiefschlaf wird das reflektierte Bewusstsein mit seinem Reflektor, dem Intellekt [buddhi] in die Unwissenheit absorbiert. Deshalb wird im Tiefschlaf nur die Unwissenheit vom reinen Bewusstsein [Atman] beleuchtet.

5. Sogar im Wachzustand wird die Stille [Ruhe] des Intellekts durch das reine Bewusstsein erhellt. Ebenso werden die mentalen Aktivitäten des Intellekts zusammen mit dem reflektierten Bewusstsein als Manifestation [Jiva] des reinen Bewusstseins erhellt.

6. So wie das durch Feuer gekochte Wasser an Hitze gewinnt und somit in der Lage ist, den Körper zu wärmen, so erhält der vom reinen Bewusstsein [Atman] bestrahlte Intellekt seine Fähigkeit der Kognition und nimmt alle anderen Objekte wahr.

7. Die Begriffe Gut und Böse mit Bezug auf Sinneswahrnehmungen sind Schöpfungen [subjektive Interpretationen] des Intellekts. Das reine objektlose Bewusstsein [Atman] nimmt nur diese mentalen Aktivitäten des Intellekts zusammen mit äußeren Objekten wahr.

8. Das reine und absolute Bewusstsein [Atman] unterscheidet sich von Sinneswahrnehmungen und auch von den Vorstellungen über Gut und Böse, die vom Intellekt interpretiert werden. Allerdings befindet sich hinter jeder Wahrnehmung das reine Bewusstsein [Atman] als absolutes Gewahrsein.

9. Die Veränderungen des Intellekts ändern sich von Moment zu Moment. Das reine Bewusstsein [Atman] verändert sich nie und durchdringt alle Veränderungen so wie ein Faden die Perlenkette.

10. So wie der bedeckte Faden zwischen den Perlen wahrgenommen wird, so leuchtet auch das reine Bewusstsein zwischen zwei Veränderungen [z. B. Gedanken], obwohl es durch Veränderungen des Intellekts bedeckt ist.

11. Das reine selbst existierende und undifferenzierte Bewusstsein leuchtet ungetrübt im Intervall zwischen zwei Veränderungen des Intellekts, wenn sich die vorherige Veränderung [z. B. ein Gedanke] aufgelöst hat und die nächste [Veränderung] noch nicht manifestiert ist.

12. Menschen, die Brahman erkennen möchten, sollten die Veränderungen [des Intellekts] schrittweise einschränken, zunächst für einen Moment und danach auf zwei, drei und so weiter verlängern.

13. Dieses individuelle Selbst [Jiva], das derzeit von Veränderungen des Intellekts betroffen ist, wird mit dem undifferenzierten Brahman [absoluten Realität] eins werden, sobald es die Wahrheit des Vedanta erkennt: „Ich bin Brahman". Das ist die Idee [Lehre], die in dieser Abhandlung vermittelt werden soll.

14. Obwohl das reflektierte Bewusstsein [Jiva] von den Veränderungen des Intellekts bedeckt ist, so ist es wirklich eins mit dem undifferenzierten Brahman [absoluten Realität]. Man sollte sich alle Mühe geben, diese scheinbar, existenten Veränderungen, [weil sie mit dem reflektierten Bewusstsein, Jiva, verbunden sind] zu beherrschen [damit man Brahman erkennt].

15. Wenn man in der Lage ist, alle Veränderungen [des Intellekts] endgültig zu beherrschen, dann wird man mit vollkommener Konzentration [Samadhi] gesegnet, die von allen Weisen hingebungsvoll geschätzt wird. Ist dies nicht möglich, sollte man sich weiterhin gläubig anstrengen, um Brahman zu erkennen, und versuchen diese Veränderungen für einen Moment zu beherrschen.

16. Nachdem er die wahre Bedeutung von „Ich bin Brahman" erfasst hat, sollte ein gläubiger Mensch beständig und aufgrund seiner Kapazität, mit Hilfe aller Möglichkeiten des Intellekts über seine Identität mit Brahman meditieren.

17. Über Brahman zu meditieren, über Brahman zu sprechen, sich gegenseitig über Brahman zu unterweisen und in Brahman zu verweilen: Alles zusammen wurde von den Weisen gelehrt und als geistige Disziplin angesehen.

18. Durch Vollendung dieser Disziplin wird man von seiner eigenen Identität mit Brahman überzeugt, ähnlich der Identität des Selbst [Atman] mit dem physischen Körper [Jiva]. Wer dies erkennt, wird ohne Zweifel befreit [Selbsterkenntnis]; sein physischer Körper kann folglich jederzeit und überall sterben.

Bhaja Govindam - Die Vergänglichkeit der Welt

1. Suche Gott, verehre Gott, verehre Gott, du Narr!
Zum Zeitpunkt des Todes werden dich Grammatikregeln [empirisches Wissen] nicht retten.

2. Oh Narr! Gib den Durst nach Reichtum und Besitz [Anhaftung] auf!
Von Leidenschaft befreit, richte deinen Geist [Intellekt] auf das Wirkliche [Brahman].
Sei mit dem Besitz zufrieden, der dir als Frucht deiner Handlung [Karma] zukam.

3. Siehst du die vollen Brüste [Reichtum] und den Nabel junger Mädchen [weltliche Lust]? Fall nicht der Verblendung zum Opfer. Das ist nur eine Veränderung aus Fleisch und Fett [der physische Körper]; bedenke dies immer wieder.

Kommentar: „Frau" und „Mädchen" sind symbolisch zu verstehen! Der eigentliche Sinn ist geschlechtsneutral!

4. So wie ein Wassertropfen auf einem Lotusblatt ein äußerst ungewisses Dasein besitzt, so ist das Leben stets unbeständig. Erkenne, dass die ganze Welt von Krankheit und Arroganz verzehrt und von Schmerzen verfolgt wird.

5. Solange man verdient oder spart, hängen die Angehörigen an dir. Doch später, wenn dein Körper alt und schwach wird, lässt man dir zu Hause nicht einmal ein Wort zukommen.

6. Solange man lebendig ist [Prana], erkundigt man sich nach dir. Wenn man stirbt und der physische Körper zerfällt, fürchtet sich sogar die eigene Frau.

7. In der Kindheit ist man an Spiele gebunden, in der Jugend an eine junge Frau [Leidenschaft]. Im hohen Alter haftet man an der Angst [vor dem Tod] aber niemand fokussiert sich auf Brahman.

8. Wer ist deine Frau? Wer ist dein Sohn? Wahrlich, überaus wundersam ist Samsara [in diesem Kontext, die empirische Welt] und von wem bist du? Woher kommst du? Oh Bruder, denke bereits hier über diese Wahrheit nach.

9. Durch die Gesellschaft der Guten [Weisen] entsteht keine Bindung; durch die Nicht-Bindung befreit man sich aus der Unwissenheit. Ist man von der Unwissenheit befreit, erkennt man die unveränderliche Realität [Brahman]. Durch diese

Erkenntnis erreicht man den Zustand der Befreiung während eines Lebens.

10. Wenn die Jugend vorüber ist, wo existiert noch Lust und Spiel? Wenn Wasser verdampft, wo existiert der See? Wenn der Reichtum reduziert wird, wo sind deine Begleiter [Freunde]? Wenn man die Wahrheit erkennt, wo ist Samsara [der ewige Kreislauf der Wiedergeburten]?

11. Sei weder auf deinen Besitz stolz noch auf jene Leute, die du einstufst noch auf die Jugend. Die Zeit kann dir alles in einem Moment wegnehmen.
Nach der Erkenntnis ihrer scheinbaren [vergänglichen] Natur lege sie beiseite und erkenne den Zustand von Brahman und gehe darin ein [Selbsterkenntnis].

12. Tag und Nacht, Dämmerung und Morgendämmerung, Winter und Frühling kommen [und vergehen] immer wieder. Die Zeit spielt und das Leben vergeht. Trotzdem gibt man die Sinnlichkeit [Gier] nicht auf.

13. Oh Unwissender! Warum sorgst du dich ständig über deine Frau und deinen Reichtum? Existiert nicht der Eine [Brahman als Gott], der für dich alles regelt? In den drei Welten ist es die „Gemeinschaft mit den Guten [Weisen]" allein, die als Boot dienen, um das Meer der Veränderung [von Geburt und Tod] zu überqueren.

14. Ein Asket mit verfilztem Haar, einer mit Glatze, einer mit einem Haarbündel, der andere in seiner ockerfarbenen Kleidung - das sind Narren, denn obwohl sie sehen, erkennen sie nichts. Wahrlich, diese verschiedenen Verkleidungen oder Kleidungsstücke sind nur um des Bauches willen [Ego].

15. Der physische Körper ist erschöpft. Die Haare werden grau und der Mund enthält keine Zähne. Der alte Mann geht mit einem Stock. Selbst dann lässt er das Bündel seiner Wünsche nicht zurück.

16. Vor einem Feuer, die Sonne bereits hinter ihm, sitzt er bis spät in die Nacht, nimmt Almosen entgegen und lebt unter dem Schutz eines Baumes und doch kann er sich aus der Schlinge der Begierden nicht befreien!

17. Man kann eine Pilgerreise zum Ort, wo der Ganges auf den Ozean trifft, Gangasagar genannt, arrangieren oder Gelübde einhalten und uneigennützig Geschenke verteilen. Wenn er aufgrund aller Schulen keine Selbsterkenntnis besitzt, erhält er keine Befreiung, auch nicht in hundert Leben.

18. Von Tempelanlagen oder einem Baum beschützt, schläft er mit wenig Kleidung am Boden, so gibt er jede Vorstellung von Eigentum und den Durst nach Verlangen auf.
Für wen bringt Entsagung [vairagya] kein Glück?

19. Lasst ihn im Yoga oder lasst ihn in Bhoga [weltliche Vergnügen] verweilen. Möge man sich in der Gesellschaft vergnügen oder in der Einsamkeit schwelgen. Er, dessen Intellekt in Brahman verweilt, derjenige genießt, wahrlich, er allein genießt.

20. Jemand der die Bhagavad Gita ein wenig studiert hat, der zumindest einen Tropfen Ganges-Wasser geschluckt hat, der zumindest einmal den Herrn Murari [Zerstörer des Egos daher Isvara] verehrt hat, für denjenigen existiert kein Streit mit Yama, dem Herrn des Todes.

21. Wiedergeburt, wieder Tod und wieder liegt man im Schoß der Mutter – Samsara [der ewige Kreislauf der Wiedergeburten] ist sehr schwer zu überqueren. Rette mich, Oh Gott [Murare], durch deine unendliche Güte.

22. Der Yogi, der nur ein Minimum an Schutz [Godadi] trägt, der den Weg jenseits von Verdienst und Nicht-Verdienst geht, dessen Geist [Intellekt] im perfekten Yoga und auf das Ziel fokussiert ist, er verweilt [im höchsten Zustand] - und lebt danach - so ähnlich wie ein Kind [unschuldig] oder Narr [spontan].

23. Wer bist du? Wer bin ich? Woher komme ich? Wer ist meine Mutter? Wer ist mein Vater? So untersuche und lasse die ganze Welt der Erfahrungen [Vishwam] hinter dir, die aus der Vorstellung [Interpretation] geboren wurde, essenzlos so wie ein Traum [relativ und vergänglich].

24. In dir, in mir und auch an anderen Orten [überall] existiert nur eine alldurchdringende Realität [Brahman]. Da du ungeduldig bist, ärgerst du dich unnötigerweise über mich. Wenn du rasch Selbsterkenntnis erreichen möchtest, sei allen Situationen gleich gesinnt.

25. Strebe und verschwende deine Energie nicht um gegen Feinde, Freunde, Söhne [Familie], Verwandte zu kämpfen oder dich mit ihnen anzufreunden. Erkenne das Selbst [Brahman, Atman] überall, und beseitige das Gefühl der Differenz [Pluralität] das aus Unwissenheit geboren wurde.

26. Wenn der Suchende das Verlangen, die Wut, die Gier und Unwissenheit verlassen hat, erkennt er im Selbst „Er ist ich". Narren sind es, die keine Selbsterkenntnis besitzen und [folglich] als Gefangene in der Hölle [Samsara] gefoltert werden.

27. Die Bhagavad Gita und Sahasranama soll man singen; man sollte immer über die Lakshmi Form des Herrn meditieren; den Intellekt sollte man in die Richtung der Gesellschaft des Guten lenken, das Vermögen soll mit den Hilfsbedürftigen geteilt werden.

28. Sehr gerne genießt man sinnliche Freuden, später jedoch entstehen Krankheiten des physischen Körpers. Auch wenn in dieser Welt das ausdrückliche Ende der Tod ist, selbst dann verlässt der Mensch sein sündhaftes Verhalten [Wünsche, Egoismus] nicht.

29. „Reichtum ist katastrophal", also denke ständig darüber; die Wahrheit ist, dass man davon überhaupt kein Glück erhält. Ein reicher Mann fürchtet sogar seinen eigenen Sohn. Das Gesetz des Reichtums ist überall gleich.

30. Übe Pranayama, die Regulierung der Lebensenergien, ernähre dich angemessen, unterscheide zwischen dem Permanenten [Brahman] und dem Vergänglichen, singe die heiligen Namen Gottes [Japa] und meditiere – dies führe mit Sorgfalt aus, mit großer Sorgfalt.

31. Oh! Verehrer der Lotusfüße des Lehrers! Mögest du bald von Samsara [ewiger Kreislauf der Wiedergeburten] durch die Beherrschung der Sinnesorgane und des Intellekts befreit werden.
Du wirst den Herrn erfahren [Selbsterkenntnis], der in deinem Herzen wohnt.

Illustrationen

Brahman als Makrokosmos

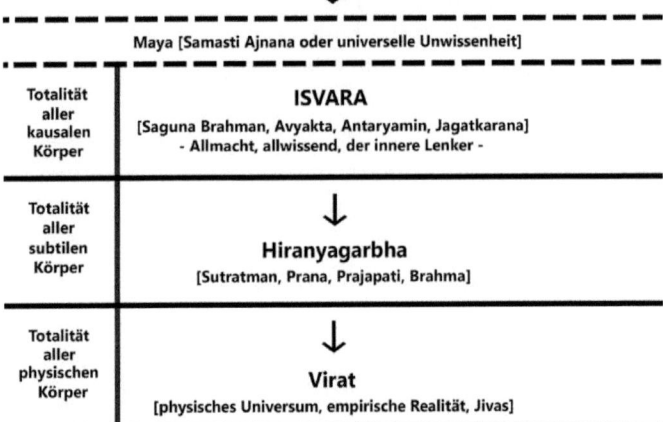

Abb 1. Brahman als Makrokosmos

Brahman als Mikrokosmos

BRAHMAN
Turiya oder absolute Realität [Bewusstsein]

↓

- -
Avidya [Vyasti Ajnana oder individuelle Unwissenheit]
- -

JIVA

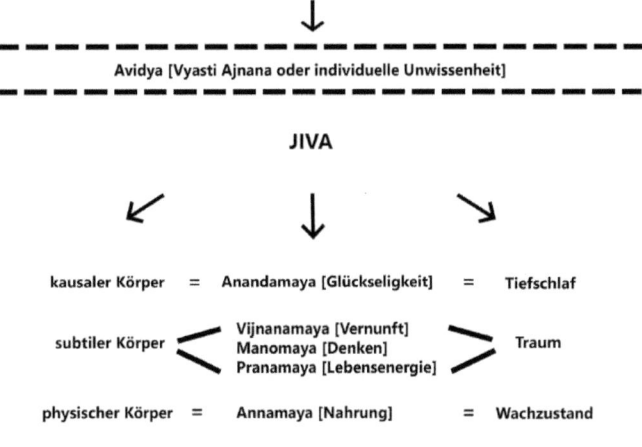

kausaler Körper	=	Anandamaya [Glückseligkeit]	=	Tiefschlaf
subtiler Körper		Vijnanamaya [Vernunft] Manomaya [Denken] Pranamaya [Lebensenergie]		Traum
physischer Körper	=	Annamaya [Nahrung]	=	Wachzustand

Abb 2. Brahman als Mikrokosmos

Brahman jenseits der Gedanken

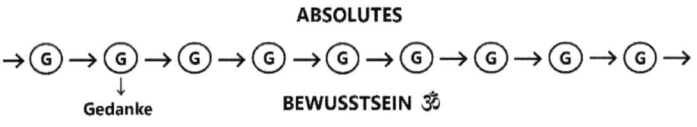

ABSOLUTES

→Ⓖ→Ⓖ→Ⓖ→Ⓖ→Ⓖ→Ⓖ→Ⓖ→Ⓖ→Ⓖ→

↓
Gedanke   **BEWUSSTSEIN** ॐ

Abb 3. Brahman jenseits der Gedanken

Brahman jenseits aller Wahrnehmungen

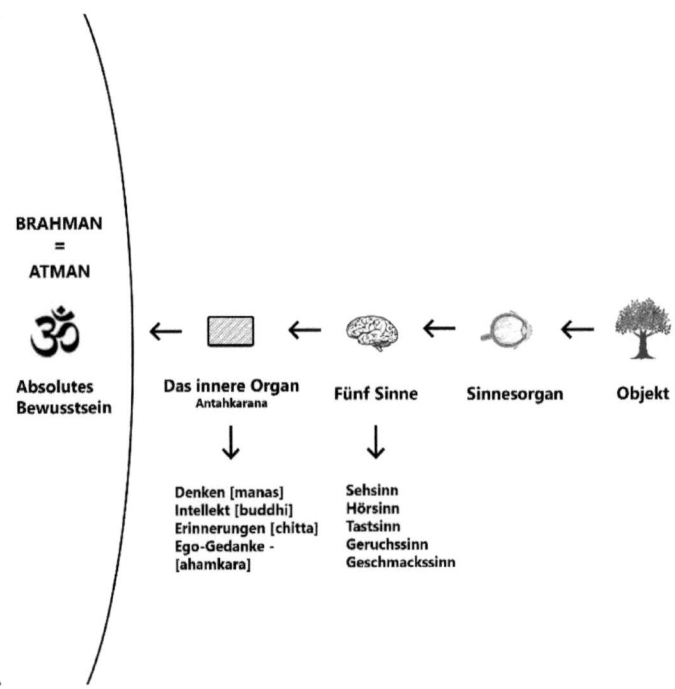

Abb 4. Brahman jenseits aller Wahrnehmungen

Wichtige Erläuterungen

Brahman
Das absolute Bewusstsein, das Absolute, die einzig absolute Realität, die höchste Transzendenz. Ewig, unendlich, unveränderlich.

Atman / Das Selbst
Das Selbst. Atman ist Brahman, absolutes Bewusstsein, die absolute Realität.

Satya / Satyam
Brahman bzw. Atman oder die absolute Realität.

Isvara
Auch Saguna Brahman oder Gott in den dualistischen Religionen. Das Absolute [Brahman] als Schöpfer, Erhalter und Zerstörer des phänomenalen Universums; Lenker der Kraft von Maya. Die Totalität aller kausalen Körper.

Jiva
Brahman als individuelle Seele aufgrund von Avidya [Unwissenheit].

Maya
Unbeschreibliche Fähigkeit [Macht] von Brahman.
Weder absolut real noch absolut unwirklich noch beides.
Ohne Anfang und ewig mit Bezug auf „alle Seelen" [jivas].
„Individuell" betrachtet kann Maya durch Selbsterkenntnis überwunden werden.
Besitzt zwei Aspekte; Avarana [Verdecken] und Vikshepa [Projektion]. Kollektive Unwissenheit aller Seelen [jivas].
Der makroskopisch-kausale Körper [Isvara].

Aus Sicht der höchsten Realität [Brahman] existiert sie nicht.

„Die Macht der Maya ist eine falsche, schattenhafte Macht."
[Sri Ramana Maharshi]

„Die Möglichkeit, Brahman nicht als Brahman zu verstehen."
[Swami Parthasarathy]

„Im Unveränderlichen, unendlichen höchsten Brahman
bleiben die beiden verborgen: Wissen und Unwissenheit.
Unwissenheit [avidya] führt zu Weltlichkeit und Wissen
[vidya], zu Unsterblichkeit. Brahman, der sowohl Wissen als
auch Unwissenheit kontrolliert, unterscheidet sich von
beiden."
[Shvetashvatara Upanishade 5.1]

„Brahman ist die Quelle von Wissen sowie der Unwissenheit."
[Swami Lokeswarananda]

Prakriti (prakṛti) - Materie
Laut Advaita Vedanta, ein anderer Name für Maya, bestehend
aus den drei Gunas.

Avyakta
Prakriti bzw. Maya im „nicht-manifestieren" Zustand.

Avidya / Ajnana
Maya, die sich im Individuum (Jiva) widergespiegelt bzw. der
individuelle Verstand [buddhi]. Aus empirischer Sicht ist
Avidya ohne Anfang, kann jedoch durch Selbsterkenntnis [aus
subjektiver Sicht] überwunden werden.

Adhyasa / Adhyaropa

Aufgrund von Avidya/Ajnana schreibt man der absoluten Realität [Brahman] subjektive Interpretationen [Projektionen] zu.

Mithya

Das resultierende und falsche Verständnis der absoluten Realität [Brahman] aufgrund der subjektiven Interpretationen [Projektionen] - siehe Adhyasa.
Die empirische Welt ist „mithya", daher relativ und vergänglich, wenn sie von Brahman getrennt betrachtet [interpretiert] wird.

Zusammenfassung:

„Maya" ist die unbeschreibliche Macht von Brahman und „Mithya" ist [aufgrund von Adhyasa, dessen Ursprung Avidya ist], das falsche Verständnis über Brahman.

Häufige Begriffe

Acharya: ein spiritueller Führer oder Lehrer. Siehe Shankaracharya.

Adharma: Alles, was gegen das Recht und das Gesetz verstößt; Fehler.

Adhibhautika: (Resultierend) aus Dingen wie z. B. Kriege, Meinungsverschiedenheiten, Naturkatastrophen.

Adhibhuta: Was die Elemente betrifft, die Urform der Materie; mit Bezug auf Elemente; die Welt der Objekte, das vergängliche Universum; der materielle Aspekt.

Adhidaiva [Adhidaivika]: Was den Himmel oder die himmlischen Wesen betrifft; Adhidaiva (mit Bezug auf die Götter – die Sinnesorgane); Hiranyagarbha oder kosmische Seele, die alle Organe aller Wesen segnet.

Adhikarana: Abschnitt; Thema; Gefäß; (in der Philosophie) ein Substrat.

Adhyatma: Brahman im vergänglichen Selbst [Jiva] manifestiert.

Adhyatmika: Was den Atman betrifft.

Adhyaya: Lektion, Vortrag oder Kapitel.

Advaita: nicht (a) zwei (dvaita); nicht-duale Philosophie.

Advaita vedanta: nicht-dualistische Philosophie.

Agami (Karma): Karma wird produziert, um danach oder zukünftig zu erleben.

Agni: Feuer. Der Gott des Feuers.

Agni-hotra: ein Feueropfer; ein Ritual für die Gottheit Agni.

Aham: „Ich" oder Ego.

Aham Atma: Ich bin der Atman.

Aham Brahmasmi: „Ich bin Brahman" – einer der vier Mahavakyas.

Ahamkara (Ahankara): dynamischer Egoismus; Leidenschaft und Stolz; Selbstverliebtheit; das selbstverherrlichende Prinzip „Ich".

Ajati [Ajata] vada: Die Theorie der Nicht-Evolution oder Nicht-Schöpfung.

Ajnana: Unwissenheit; d. h. noch (geistig) unwissend ist.

Akasa: Äther, Raum oder Himmel.

Akrodha: Abwesenheit von Wut.

Akshara: Es bedeutet Brahman. Es kann auch die nicht-manifestierte Prakriti oder Maya bedeuten; unvergänglich, unveränderlich.

Anadi: ohne jeglichen Anfang.

Ananda: wahres Glück oder Glückseligkeit; Freude.

Anandamaya Kosa: glückselige Hülle. Ursache der physischen und subtilen Hülle.

Ananta: unendlich; ewig, endlos.

Anatman: etwas anderes als Geist oder Seele (nicht Selbst oder Atman); wahrnehmbare Welt.

Annamaya kosa: physischer Körper; die Hülle aus Nahrung.

Antahkarana: inneres oder mentales Organ; vierfacher Verstand; Denken (Manas), Intellekt (Buddhi), Ego und Erinnerung (Chitta).

Antaryamin: Innerer Herrscher; das höchste Wesen, das in jeder Schöpfung gegenwärtig ist und alle Geschöpfe lenkt.

Ap: Wasser – eines der fünf Elemente.

Apana: Die Lebensenergie (Prana), die die Bauchregion regiert, die ihr Zentrum im Anus hat; sie übernimmt die Ausscheidungsfunktion der Fäkalien; sie wirkt auf den Auswurf; der nach unten gehende Atem bzw. Lebensenergie.

Apara-brahman: unterer Brahman; Saguna Brahman oder Isvara (persönlicher Gott).

Apara-prakriti: die niedrigere kosmische Energie, durch die Gott [Brahman] alle Formen in der Natur projiziert, physisch und subtil. Sie besteht aus Erde, Wasser, Feuer, Raum und Luft, Denken, Intellekt und dem Ego.

Apara-vidya: Kenntnis der Veden oder niedrigeres Wissen; intellektuelles Wissen.

Asat: Das, was nicht ist; unwirklich; nicht existiert im Sinne von nicht manifestiert; Nicht-Sein im Gegensatz zu Sat oder Sein, Existenz oder Realität.

Asrama: Lebensordnung, Lebensabschnitt (davon vier, Brahmacharya oder spirituelle Schüler, Grihastha oder das Haushaltsleben, Vanaprastha oder Waldhaus und Sannyasa Klosterleben).

Atman (oder Atma): Das Selbst; das höchste Selbst; Atman ist Brahman, absolutes Bewusstsein.

Bhagavad Gita: Der heilige Text, der Teil des Hindu-Epos Mahabharata ist. Es ist ein Dialog zwischen Krishna, dem Wagenlenker/Gott, der das höchste Selbst darstellt, und dem Krieger Arjuna, der jeden von uns auf dem Schlachtfeld von Kurukshetra vor Beginn der Schlacht symbolisiert. Die Schrift gilt als Smriti.

Bhakti: Hingabe; Liebe (Gottes).

Bhakti Yoga: Die Bezeichnung für den Weg der liebenden Hingabe an Gott, der meist als persönlich angesehen wird.

Bhashya: erklärende Arbeit oder Kommentar zu anderen heiligen Schriften.

Bhuma: die höchste Realität, Brahman. Das Unendliche, Unveränderliche, Ewige.

Brahma: Schöpferaspekt auch als Hiranyagarbha oder kosmische Intelligenz bezeichnet, Gott als Schöpfer des Universums in der hinduistischen Mythologie (die anderen sind Vishnu der Erhalter und Shiva der Zerstörer). Die Lebenszeit, der Zustand der Manifestation von Brahma beträgt 311.4 Billionen menschliche Jahre. Nicht zu verwechseln mit Brahman, der absoluten Realität!

Brahmachari: Zölibatär; religiöser oder keuscher Student; einer, der zu den ersten der vier Asramas oder Lebensordnungen gehört; einer, der in Reinheit lebt und die Veden studiert.

Brahmacharya: die erste Phase des Hindu-Lebens, nämlich das zölibatäre Studentenleben.

Brahmaloka: die Welt des vierköpfigen Schöpfers. Die Welt von Brahma. Der höchste Himmel laut dualistischen Religionen.

Brahma Priester: Das Oberhaupt der vier Priester der ein Ritual leitet.

Brahman: das universelle Selbst oder absolutes Bewusstsein, das Absolute, die einzig absolute Realität, die höchste Transzendenz; Gott selbst. Es gibt nur Brahman. Die höchste Realität, die eins und unteilbar, unendlich und ewig ist; die alles durchdringende, unveränderliche Existenz – Wissen – Glückseligkeit; die Essenz von Jiva [individuelle Seele], Isvara [persönlicher Gott] und Maya. Von der Wortwurzel „br̥h" (expandieren, wachsen, vergrößern).

Buddhi: Intellekt; Verständnis; Vernunft. Das Organ des Geistes, das für die Unterscheidung und den Urteilsvermögen verantwortlich ist.

Chandra: Mond.

Chandraloka: die Welt (Loka) des Mondes (Chandra).

Chit: reiner Gedanke oder reines Bewusstsein. Das Prinzip der universellen Intelligenz oder des Bewusstseins.

Chitta: Unterbewusstsein, Erinnerung.

Daiva: Gott, der alle Wesen kontrolliert und ihnen das gibt, was ihnen zusteht; Schicksal; Bestimmung; kontrollierende Macht.

Dakshina: Ein Ritual, das bei einem Opfer oder der Sammlung dieser Opfergaben gemacht wird.

Guru Dakshina ist die Bezahlung eines Schülers an seinen Lehrer nach Abschluss seines Studiums (nicht mit Geld, sondern normalerweise als Aufgabe oder einem besonderen Geschenk).

Dana: Wohltätigkeit; Spenden.

Devas [deva]: Götter; himmlisch, göttlich.

Dharma: Tugend, Verhalten, Pflicht, Gerechtigkeit und Moral. Die bevorzugte Bedeutung der meisten traditionellen Lehrer ist jedoch „Natur, Charakter, wesentliche Qualität oder Essenz."

Dvaita: Dualität, Philosophie des Dualismus; Glaube, dass Gott und der Atman getrennte Einheiten sind.

Gandharva: halbgöttliche Wesen; ein himmlischer Musiker im Hinduismus, Engelwesen.

Gaudapada: der Autor des Kommentars (Karika) über die Mandukya Upanishade. Er soll der Lehrer von Adi Shankaras Lehrer gewesen sein.

Gayatri: eines der heiligsten vedischen Mantras oder Texte der Hindus.

Guna: Qualität aus der Natur. Nach der klassischen Samkhya Philosophie besteht die Schöpfung aus drei "Qualitäten" Sattva, Rajas und Tamas. Alles – Materie, Gedanken, Gefühle etc. setzt sich aus diesen drei Gunas zusammen, und es sind jene relativen Proportionen [der Gunas], die die Natur eines Objekts oder einer Person bestimmen.

Guru: Buchstäblich "schwer"; bezeichnet die Ältesten oder eine Person der Ehrfurcht, im Westen aber eher einen spirituellen Lehrer.

Hiranyagarbha: Brahma oder kosmische Intelligenz; die Totalität aller subtilen Körper; das höchste geschaffene Wesen, durch das das physische Universum projiziert wird. Das erste geschaffene Wesen von Saguna Brahman [Isvara] im relativen Universum.

Indriya: Der Sinn der Wahrnehmung; Sinnesorgan; dies ist entweder das physische äußere Karma-Indriya (Organ der

Handlung) oder das innere Jnana-Indriya (Organ des Wissens, der Erkenntnis oder der Wahrnehmung).

Isa: Herr.

Jagat: Welt; im Wandel, Erde, die Menschheit.

Jagrat: der Wachzustand des Bewusstseins.

Japa: Wiederholung eines Namens Gottes; Wiederholung eines Mantra.

Jivatma [Jivatman]: individuelle Seele.

Jivanmukta: Einer, der in diesem Leben befreit wurde.

Jnana: Wissen; Weisheit der Realität oder Brahman.

Jnanayoga: Der Weg des Wissens; Meditation durch Weisheit; ständiges und ernsthaftes Nachdenken über die wahre Natur des Selbst, wie es von einem Guru gelehrt wurde.

Jnani: Der mit wahrer Erkenntnis oder Intelligenz ausgestattet ist; ein Weiser; oft benutzt, um sich auf einen Erleuchteten zu beziehen.

Jyoti [Jyotih]: Licht; Beleuchtung; Leuchtkraft; Glanz.

Kaivalya: Transzendentaler Zustand absoluter Unabhängigkeit; Moksha; endgültige Seligpreisung; Loslösung der Seele von der weiteren Transmigration, die zum ewigen Glück oder zur Befreiung führt.

Karma: Aktion, Arbeit oder Handlung oder allgemein als „Gesetz" bezeichnet. Es ist von drei Arten: Sanchita (alle angesammelten Handlungen aller früheren Geburten), Prarabdha (der besondere Teil des Karmas, der für das Ausarbeiten im gegenwärtigen Leben vorgesehen ist) und Agami (das aktuelle Karma wird vom Individuum frisch ausgeführt). Es ist das Karma, das durch das Gesetz von Ursache und Wirkung den Jiva oder die individuelle Seele an das Rad von Geburt und Tod bindet. Der schöpferische Akt (identifiziert mit Opfergaben), der alle Wesen in die Existenz bringt.

Karmayoga: Yoga des selbstlosen Handelns; Erfüllung der eigenen Pflicht; Gleichgültigkeit gegenüber dem Körper und der Welt; Dienst am Menschen.

Kavi: Seher; Dichter.

Kosa [Kosha]: Hülle; eine Hülle, die die Seele [das höchste Selbst oder Atman] umschließt; es gibt fünf solcher Hüllen: die Hülle der Glückseligkeit, des Intellekts [Vernunft], des Denkens, der Lebenskraft [Prana] und des physischen Körpers.

Kramamukti: Schrittweise Befreiung, wobei man von dieser Welt in die Welt von Brahma übergeht und von dort Kaivalya erreicht.

Krishna: Schwarz, dunkel; Gottheit Vishnu in seiner achten Inkarnation; Held der indischen Mythologie und Lehrer in der Bhagavad Gita.

Kshetra: Ein „Feld"; bezieht sich in der Bhagavad Gita auf den Körper-Geist-Organismus, in dem wir uns befinden. Aber auch auf das kosmische „Feld" d. h. das gesamte objektive Universum.

Kshetrajna: Das was das kshetra erkennt, also das wahre Selbst. Das Bewusstsein das Kshetra erleuchtet. Krishna lehrt, dass Kshetrajna nicht anders als Brahman ist.

Lila: Spiel; Sport; der Kosmos wird als göttliches Spiel betrachtet. Er [Brahman] spielt alle Rollen so, dass sie ihre wahre Natur nicht kennen und glauben, sich getrennt zu fühlen.

Loka: Welt, Universum, Himmel.

Mahat: großartig; Größe; der Intellekt bzw. kosmische Intelligenz (Buddhi) als erste Modifikation der Prakriti.

Manas: die denkende Fähigkeit; das „Organ" des Denkens als Vermittler zwischen den Sinnen und dem Intellekt (Buddhi).

Manomayakosa: Eine der Hüllen des Selbst [Atman], die aus dem Verstand [Denken] besteht. Die mentale Hülle.

Mantra: Eine Gruppe von Wörtern (oder manchmal nur eine oder mehrere heilige Silben), die traditionell eine mystische Bedeutung haben und in vielen Religionen ein echter „Name Gottes" oder ein kurzes Gebet sind.

Moksha: Befreiung; Erleuchtung, Selbstverwirklichung, Selbsterkenntnis; die Befreiung aus dem Rad von Geburt und Tod [Samsara].

Nadi: Nerv; Kanal; psychischer Strom.

Namarupa: Name und Form; die Natur der Welt auch manchmal als Maya bezeichnet.

Namaskara: Haltung/Mudra des Grußes, bei der die Innenhandflächen aneinanderliegen. „Verneigung vollziehe ich." – gegenüber dem Selbst [Atman] in dir d.h. nicht dem Ego.

Namaste: „Verneigung sei dir" – gegenüber dem Selbst [Atman] in dir daher nicht dem Ego.

Neti Neti: „Nicht das, nicht das." Der analytische Prozess der progressiven Negierung aller Namen und Formen, um zur ewigen Wahrheit [Brahman] zu gelangen.

Nirgunabrahman: das unpersönliche, eigenschaftslose absolute Brahman. Die absolute Realität.

Nörderlicher Pfad: Devayana oder der Weg der Götter wobei der Jiva, Brahmaloka erreicht.

Om: Die Pranava oder die heilige Silbe, die Brahman symbolisiert; das Mantra oder Symbol von Brahman in seinen vier Zuständen von Turiya bis zur äußeren oder materiellen Ebene; auch A – U – M. A (Wachzustand), U (Traumzustand) (M) Tiefschlaf. Turiya ist jenseits der drei Zustände.

Omkara: dasselbe wie Om.

Om Tat Sat: eine Bezeichnung von Brahman; Om – Tat „Das" – Sat „Sein".

Pada: Fuß; ein Viertel oder Position.

Papa: Sünde; eine böse Tat; Böses; Fehler.

Paradharma: die Pflicht eines anderen.

Phala: Frucht; Wirkung; wird oft im Zusammenhang mit einem Effekt verwendet, der sich zwangsläufig aus der Handlung ergibt.

Pradhana: Materie. Ein Sankhya Begriff für Prakriti; die Oberste; die Ursache aller Elemente; undifferenzierte Materie; laut der Sankhya Philosophie ist es die materielle Ursache, entsprechend Maya. Es unterscheidet sich jedoch von Maya: Pradhana ist real, während Maya unwirklich oder phänomenal ist; es ist unabhängig, während Maya von Brahman abhängig ist.

Prajapati: Stammvater; Schöpfer; eine hinduistische Gottheit; Brahma der Schöpfer; der Name, der den zehn Söhnen von Brahma gegeben wurde. Die Söhne werden als die ersten und ursprünglichen Vorfahren der menschlichen Rasse betrachtet.

Pralaya: Vollständige Verschmelzung; Auflösung, Zerstörung, Vernichtung, wenn der Kosmos in (1) seine unsichtbare unmittelbare Ursache, die nicht-manifestierte kosmische Energie [Maya], oder (2) in die absolute Realität übergeht. Es gibt vier Arten von Auflösungen: Nitya, Naimittika, Prakrita und Atyantika.

Prana: Lebensenergie; Lebensatem; Lebenskraft, „Atem des Lebens", die Lebenskraft im Körper, vitaler Atem.

Pranamayakosha: die Hülle des Prana (eine der fünf Hüllen, die unsere wahre Essenz d. h. Atman umgeben).

Pranava: mystisches oder heiliges Symbol OM.

Prarabdha (Karma): Der Teil des Sanchita Karma, der das gegenwärtige Leben bestimmt. Wörtlich „begonnen."

Punya: Verdienst; Tugend oder „tugendhaft."

Purusha: Das höchste Wesen; ein Wesen, das in der Stadt (des Herzens aller Wesen) liegt. Der Begriff wird auf den Herrn angewendet. Die Beschreibung bezieht sich auf das Selbst [Atman], dass im Herzen aller Dinge ist. Um Bhagavan oder den Herrn vom Jivatma zu unterscheiden, wird er als

Parama (höchster) Purusha oder Purushottama (der beste der Purushas) bezeichnet.

Rishi: Weiser; Seher der Wahrheit.

Sadhana: Selbstbemühung; Werkzeug; Umsetzung; spirituelle Praxis. Bezieht sich auf die spirituellen Disziplinen, die als Teil zur Selbstverwirklichung dienen.

Sagunabrahman: Isvara oder Brahman in Verbindung mit Maya. Das höchste Absolute, das mit Eigenschaften wie Barmherzigkeit, Allmacht, Allwissenheit usw. ausgestattet ist und sich vom undifferenzierten Absoluten unterscheidet. Der persönliche Gott.

Sakti: Kraft; Energie; Potenz oder Maya; die göttliche Kraft der Schöpfung; der scheinbar dynamische Aspekt des ewigen Seins; die absolute Kraft oder kosmische Energie z. B. Feuer und seine brennende Kraft.

Samadhi: Hoher Bewusstseinszustand, in dem das Absolute mit Allwissenheit und Freude erlebt wird; Ein-Sein; hier wird der Intellekt mit dem Objekt der Meditation identifiziert; der Meditierende und das Objekt der Meditation, Denker und der Gedanke werden in vollkommener Versunkenheit des Intellekts eins; der Zustand des totalen Friedens und der Stille. Es gibt mehrere Stufen von Samadhi – Vikalpa Samadhi, Savikalpa Samadhi, Nirvikalpa Samadhi und Sahaja Samadhi.

Saman: gesungenes Lied, Gesang, heiliges Lied.

Samana: Einer der fünf Pranas oder Lebensenergien des menschlichen Körpers, der die Funktion der Verdauung übernimmt.

Samkhya: Eine der drei Hauptrichtungen der hinduistischen Philosophie und eine der sechs Darshanas; wird dem Weisen Kapila zugeschrieben.

Samsara: Leben durch wiederholte Geburten und Todesfälle; der Prozess des weltlichen Lebens; der kontinuierliche Zyklus von Tod und Wiedergeburt eines Jivas in der phänomenalen

Welt bis er erleuchtet [Selbsterkenntnis] wird und daraus entkommt.

Sanchitakarma: Die Summe aller Handlungen eines Jiva während unzähliger vorangegangener Geburten, von denen ein Teil für jede neue Geburt zugeteilt wird [siehe Prarabdha Karma].

Shankaracharya: einer der größten Philosophen, geboren c.a. 7. Jahrhundert n. Chr. Er war der Schüler von Govinda Bhagavatpada, dessen Lehrer Gaudapada war [paramaguru].

Sankhya: ein von Kapila vorgeschlagenes System der Philosophie, siehe Samkhya.

Sannyasa: Verzicht auf soziale Bindungen; die letzte Phase des hinduistischen Lebens, die Phase der spirituellen Meditation.

Sat: Existenz; Sein; Realität; Wahrheit.

Satchidananda [Sat-chit-ananda]: absolute Existenz-Wissen-Glückseligkeit. Laut Swami Dayananda auch „Sat-Chit-Ananta" d. h. absolute Existenz-Wissen-Unendlichkeit. Die wahre Natur von allem.

Shiva [Siva]: der „Glückliche" – der dritte Gott der hinduistischen Trinität [Brahma, der Schöpfer; Vishnu, der Erhalter und Shiva, der Zerstörer].

Shraddha: Glaube, Vertrauen ohne direkte persönliche Erfahrung.

Shruti [Sruti]: Bezieht sich auf die Veden, die die Upanishaden einbeziehen. Wörtlich bedeutet es „Hören" und bezieht sich auf den Glauben, dass die Bücher mündlich übermittelt wurden.

Siddhi: Perfektion; psychische Kraft.

Smriti: Gedächtnis; Gesetzbuch. Bezieht sich auf ein Material, an das man sich erinnern kann und danach aufgeschrieben wird.

Südlicher Pfad: Der Weg der Vorfahren wo der Jiva Chandraloka erreicht. Danach wird er wiedergeboren.

Svadharma: laut dem ewigen Gesetz die eigene vorgeschriebene Pflicht. Das eigene Dharma.

Svaha: Ein Opfer, das den Göttern dargebracht wird; ein Ausruf, um den Göttern Opfer darzubringen.

Swami: ein spiritueller Lehrer.

Tapas: Askese; Strenge; reinigende Handlung; Buße; Hitze; jede Art von Energie; das wesentliche Prinzip der Energie.

Tat-Tvam-Asi: „Das bist du"; einer der vier Mahavakyas in der Chandogya Upanishade.

Tejas: Brillanz (besonders spirituell); das Element des Feuers [oder Licht].

Turiya: Der absolute Zustand; das höchste Selbst [Atman] der Geschöpfe das alle Bedingungen und Zustände übersteigt; Einheit. Turiya bezieht sich auf die nicht-duale Realität; der Hintergrund der anderen Zustände (Erwachen, Traum und Tiefschlaf). Es ist die wahre Natur einer Seele [Jiva]. Die anderen drei Zustände sind mithya.

Udana: Eine der fünf Lebensenergien [Pranas], die mit der Kehle verbunden ist.

Udgita: Om; Pranava; klangvolles Gebet.

Uma [Umadevi]: Gemahlin der Gottheit Siva; Sie vermittelte Indra das Wissen über Brahman; auch Uma Haimavati d. h. Tochter des Himalayas.

Upadhi: Eine überlagerte Sache oder ein Attribut, das die darunter liegende Substanz verschleiert und einen gefärbten Blick auf sie wirft; ein Ersatz, ein Phantom, eine Verkleidung, Begrenzungszusatz; wörtlich etwas, das an die Stelle einer anderen Sache tritt.

Upanishaden: 108 oder mehr Abhandlungen als ein Teil (normalerweise das Ende) der vier Veden. Texte über die absolute Wahrheit und ihre Verwirklichung. Wörtlich: Neben einem Meister (upa) zu seinen Füßen (ni) sitzen (Shad) daher die Idee ist, dass man zu Füßen eines Meisters sitzt, um seine Worte zu hören.

Upasana: (Wörtlich) in der Nähe sitzen; Anbetung oder Meditation über Gott oder einer Gottheit.

Vak: Sprache; Rede; Sprache als Göttin verkörpert, Frau von Prajapati (Herr der Geschöpfe).

Vasana: Subtiles Verlangen; Samskara; eine Tendenz, die durch Handlungen oder einem Wunsch entsteht; sie veranlasst die Person, die Handlung zu wiederholen; der mentale Eindruck im Intellekt, der dazu fähig ist, sich in Handlungen zu entwickeln; Vasanas sind die Ursache von Geburt und Erfahrung; der mentale Eindruck von Handlungen, der unbewusst im Intellekt bleibt.

Vasishta: „Der Wohlhabendste"; ist einer der sieben Weisen (saptarishi) im Hinduismus. Wie die anderen sieben Weisen bildet er einen der sieben Sterne des Großen Bären.

Vayu: Luft oder Wind. Der Windgott; vitaler Atem; Prana.

Veda: Wissen; göttliches Wissen. Die Veden sind die heiligen Schriften und die Grundlage der Religion der Hindus. Wenn sie in Vergessenheit geraten, werden sie von den Rishis durch Meditation reproduziert. Die Veden werden als ewig betrachet. Sie lehren, wer und was Brahman ist und wie man ihn verehrt. Die Smritis, Itihasas und Puranas verstärken ihre Lehre. Sie sind die älteste, authentischste Schrift der Hindus.

Veden: die großen Schriften der Hindus und die ultimative Autorität der hinduistischen Religion. Rig-Veda, Sama-Veda, Yajur-Veda, Atharva-Veda.

Videhamukti: Körperlose Befreiung; Erlösung, die von der verwirklichten Seele nach dem Verlassen der physischen Hülle erreicht wird, im Gegensatz zu Jivanmukti, der Befreite während des Lebens.

Vidya: Wissen (von Brahman); Wissenschaft, Lernen. Es gibt zwei Arten von Wissen, Paravidya und Aparavidya; ein Prozess der Meditation oder Anbetung.

Vijnanamayakosa: Die intellektuelle Hülle; eine der Hüllen der Seele [Jiva], die aus dem Buddhi [Intellekt oder Vernunft] besteht.

Virat: Makrokosmos; die physische Welt, die man sieht.

Vyana: Eine Funktion der fünf Pranas, d. h. der Blutkreislauf; eine der fünf Lebensenergien [Pranas], die den ganzen Körper durchdringt.

Yajna: ein Opfer; Anbetung, Hingabe.

Yaksha: Ein Wesen, das von Kubera, dem Gott des Reichtums, kontrolliert wird.

Yama: der Gott des Todes und Spender der Gerechtigkeit; oder auch die Zeit.

Yoga: Verbinden oder anfügen. Vereinigung; abstrakte Meditation oder Vereinigung mit dem höchsten Selbst [Atman]; Vereinigung mit der Wahrheit [Brahman]; jeder Pfad, der eine solche Vereinigung ermöglicht; unerschütterlicher Geisteszustand unter allen Bedingungen. Yoga besteht hauptsächlich aus vier Kategorien: Karma, Bhakti, Raja und Jnana Yoga.

Bibliografie

Bhuvaneshwari, Shaji: A Treatise on Advaita Vedanta: English Translation of Vicaracandrodaya of Pandit Pitambar. D.K. Print World (2013)

Chinmayananda, Swami: Bhaja Govindam. Chinmaya Publications Trust (1975)

Felber, Thomas: Die drei Säulen des Vedanta Upanishaden - Bhagavad Gita - Brahma Sutras Band 1 Upanishaden & Mandukya Karika. BoD (September 2018)

Felber, Thomas: Vedanta Lexikon. BoD (September 2018)

Jyotirmayananda, Swami: Vedanta in Brief. Yoga Research Foundation (2013)

Mukhyananda, Swami: An Interpretation of the Life and Philosophy of Sri Sankaracarya (Elucidatory and Reconciliatory). Sri Ramakrishna Advaita Ashrama (2005)
Parthasarathy, Swami: The Complete Works of Swami Parthasarathy. Vedanta Life Institute (2012)
Shankaracharya: Laghu Vakya Vritti. Advaita Ashrama Kolkata
Sharma, Arvind: The Philosophy of Religion and Advaita Vedanta: A Comparative Study in Religion and Reason. Penn State University Press; 1 edition (June 2008)
Springer: Journal of Indian Philosophy 16
Tapasyananda, Swami: Laghuvasudeva Mananam. Sri Ramakrishna Math Chennai

Über den Autor

Geboren am 19. Februar 1982, Wien.
Seit meiner Jugend, Interesse an den östlichen Weisheitslehren und Weltreligionen, der Kosmologie und Philosophie.
Ausbildung und Tätigkeit als Softwareentwickler sowie ein dreijähriges Studium der Vedanta Philosophie unter Swami Parthasarathy. Ergänzende Kontemplation anderer Vedanta Texte.

Kontakt: contact@satyam.at

Vedanta verändert nicht die Welt, sondern die Sicht auf die Welt.

OM TAT SAT